同济法学先哲文存

胡继纯集

胡继纯 著
颜冬铌 编

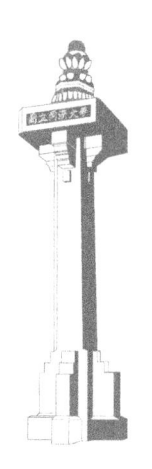

编委会

顾　　问：吕培明　吴广明　雷星晖
策　　划：吴为民
主　　编：蒋惠岭
执行主编：徐　钢　陈　颐
编委会成员：（按姓氏笔画排序）

　　　　　刘志坚　严桂珍　吴为民　陈　颐　金泽刚
　　　　　夏　凌　徐　钢　高旭军　黄丽勤　曹伊清
　　　　　蒋晓伟　蒋惠岭

胡继纯教授

(1904—1974)

姓名　胡繼純

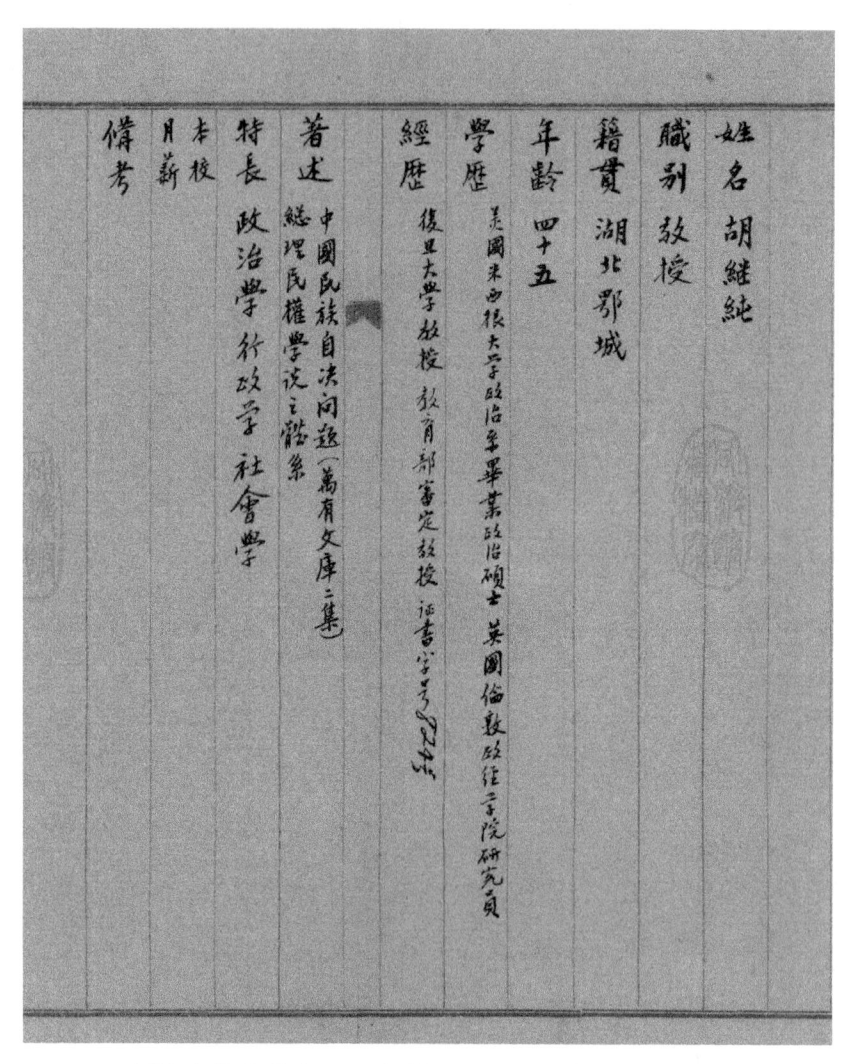

職別　教授

籍貫　湖北鄂城

年齡　四十五

學歷　美國未西根大學政治系畢業政治碩士 英國倫敦政治經濟學院研究員

經歷　復旦大學教授 教育部審定教授證書字第〇〇二五號

著述　中國民族自決問題（萬有文庫二集）
　　　總理民權學說之體系

特長　政治學 行政學 社會學

本校月薪

備考

总　序

　　同济大学的法科教育,可溯至1914年11月同济大学接收青岛特别高等专门学堂法政科9名学生。1945年9月13日,国民政府教育部训令同济大学:"兹为积极培植法律人才,该校自本学年度起成立法学院,并先设法律学系开始招生,仰迅筹办具报,此令。"同月,同济大学发布增设法学院并先添设法律学系布告,筹办法学院,并于当年12月正式开学。

　　自清末修律以来,近代中国法制变革以日本(清末)、德国(国民政府时期)为宗。但在法律教育领域,介绍德国法学者独付阙如。同济大学之外国语文向以德文为主,教育部训令同济大学增设法学院,应是基于上述考量。故此,同济大学法学院之课程及一切设施参照德国法律教育制度,是近代中国法律教育史上唯一一所以德国法为特色的法学院。

　　同济大学法学院能在近代中国法律教育史上留有一席之地,除了德国法特色外,与法学院在短时期内汇聚了一批国内名家,有莫大的关联。法学院首任院长胡元义教授为国民政府教育部第一届部聘教授(第一届部聘教授中唯一的法科教授),民法造诣深厚；继任院长徐道隣教授为德国柏林大学法学博士、一代法学大家；代理院长薛祀光教授为中山大学法学院创始院长，精研债法；代理院长张企泰教授为法国巴黎大学博士，并曾任德国波恩大学及柏林大学法学院研究员。范扬、余群宗、吴岐、俞叔平、顾福漕、刘笃、钱实甫、萧作梁、何远岫、叶叔良、左仍彦、陈盛清、谢怀栻、丘日庆、余鑫如、林诚毅、胡继纯、曹茂良、朱伯康诸教授皆学养深厚、术有专攻、著述不辍，堪称一时之盛。

值此学习贯彻习近平法治思想，开启法治中国建设新征程之际，同济大学法学院奉"同舟共济"之校训，怀"继往"之心，全面整理同济法学先哲著述，纪念同济法学先哲；秉"开来"之愿，勇担"立时代潮头，育法治英才，发思想先声"的历史使命。"同济法学先哲文存"的编辑出版，为同济大学法学院"四分之三世纪再出发"构筑了历史底色，也为全面推进"新法科"建设提供了丰富的先哲智慧。

同济法学先哲，执教同济之先，大抵皆曾掌各名校教席有著誉者；1949年院系调整后，虽散落各方，亦皆曾为新中国法制、法学与法律教育的创建著有功勋。"同济法学先哲文存"的编辑出版，非仅以存同济法学院一院之学，亦拟为中国法学涵化百廿年传统、再创新章略尽绵薄之力。

谨此为序。

"同济法学先哲文存"编委会
二〇二〇年十二月

凡　例

一、"同济法学先哲文存"收录近代同济法学先哲所著,成就斐然、泽被学林的法学文存。入选作品以名作为主,或选录名篇合集。

二、入选著作内容、编次一仍其旧,率以原刊或作者修订、校阅本为底本,参校他本,正其讹误。前人引书,时有省略更改,倘不失原意,则不以原书文字改动引文;如确需校改,则出脚注说明版本依据,以"编者注"或"校者注"形式说明。

三、作者自有其文字风格,各时代均有其语言习惯,可不按现行用法、写法及表现手法改动原文;原书专名(人名、地名、术语)及译名与今不统一者,亦不作改动。如确系作者笔误、排印舛误、数据计算与外文拼写错误等,则予径改。

四、原书为直排繁体,除个别特殊情况,均改作横排简体。原书无标点或仅有简单断句者,增加新式标点;专名号从略。

五、原书篇后注原则上移作脚注,双行夹注改为单行夹注。文献著录则从其原貌,稍加统一。

六、原书因年代久远而字迹模糊或纸页残缺者,据所缺字数用"□"表示;字数难以确定者,则用"(下缺)"表示。

目　录

民族自决问题 ………………………………………… 1

论　文 …………………………………………… 89
　地方行政中的国家权力范围 ………………………… 91
　印度民族运动之回顾与前瞻 ………………………… 106
　英国宪法之特质 ……………………………………… 124
　民权主义之平等观 …………………………………… 135

译　作 …………………………………………… 149
　现代经济学 …………………………………………… 151

编后记 ………………………………………………… 164

民族自决问题

自　序

帝国主义到十九世纪发达到了最后的阶段：国家的组织扩充至于海外，许多弱小民族受其控制。但同时，在高压政策之下，足以促醒弱小民族起而自卫的意识，它们团结一致，反对列强，以求得到自决的目的。现在全世界人口总数四分之三以上在被压迫之列，完全没有自决的能力，这些民族可分为四大类：（一）名为独立国家，而实际上受其他民族的威胁，国内的内政外交往往有形无形地为外族所操纵。亚洲的中国、暹罗、波斯、阿富汗、阿剌伯诸国，以及中美、南美诸小国，都属于这一类。（二）为他族保护的国家。英国之于埃及，美国之于中美诸小国，其内政外交均受他国的监督。这些国家都有降为属地的可能，例如日本之并朝鲜，法国之并突尼斯与马达加斯加，都是先以之为保护国的。（三）为完全受他族统治的民族。它们没有自己的政府，以异族人组织的政府为政府。它们没有本国的国籍，以征服者的国籍为国籍。他们没有处理自己的事务的权利，统治者往往为自私的目的，而增加被统治者的负担。例如英国统治下的印度、爱尔兰、南非联邦等,法国统治下的安南、突尼斯等,日本统治下的朝鲜、台湾等,荷兰统治下的东印度群岛都是。(四)为国内的少数民族,他们没有占据一定的土地;或虽有一定的土地而不足以成为一个独立的国家;其种族与统治阶级的种族迥然不同。如现在意大利统治下的奥人、希腊人,俄、德、法诸国统治下的犹太人,巴尔干半岛的吉普息人都是。

依我们的理想,每个民族最好有一个国家,世界各民族都是平等。每个民族能够依着他们自己的意志决定他们自己的事务,不受其他民族的干涉。但事实上不是这样的。以征服世界为目的的帝国主义利用经济的机构以致弱小民族的死命;这是弱小民族不能享有自决权利的基本原因。过去的希腊、罗马、中国、波斯以及土耳其也曾致力于异族的征服,当然也足以使其他民族自决权利的行使发生障碍;但这些帝国所要求的,不过是臣服的名义和贡献的实惠而已;它们没有把握着被征服国的经济命脉,所以被征服者对内尚有局部的自决权;一旦发生变故,推翻统治者是很容易的。现在的帝国则不然了:它们控制他国的经济资源,使其人民即对于生活上极小的事务也没有自决的余地,于是弱小民族竟任意被人宰割了。

但列强压力愈大,则民族自决运动的力量与之增长。爱尔兰、印度、埃及、菲律宾的独立运动,阿剌伯民族与犹太民族的短兵相接,阿比西尼亚与意大利的战争,都证明民族自决原则为维持世界和平的唯一柱石。现在爱尔兰自治与菲律宾独立仅获得局部的成功,阿剌伯与印度的民族运动尚未解决,阿比西尼亚则对意竭力抵抗,仍不免惨败,是民族自决运动的前途,尚未可乐观,世界的和平日在风雨飘摇之中了。

本书的目的,在对于民族自决问题的意义、原因、方法和限制略加说明,使一般人阅此即可知道这问题的大概情形。但民族自决究竟不是一个纯粹理论上的问题,而是一个事实上的问题。世界各民族自决运动的经过,是民族自决原则的应用,能给予我们很多的教训。不过本书篇幅有限,对于许多民族自决运动的经过详情,只得从略,尚祈读者谅之。

本书中多附细注:有表明材料的来源者;有表明本书所略,而他书所详者;有表明他书与本书所言略有出入,附异说以备参考者;有竟引用他书中之语者。章实斋有言:"文人之文,唯恐不出诸己;史家之文,唯恐出诸己。"有显明的事实具在,大家所见,当然略同,不过他人先我说出而已。

本书草自仓卒,错误必多。如有指正者,铭感无既。本书之成,多得孙寒冰先生的鼓励,吴耀中先生多予以假书之便,附此致谢。

胡继纯　谢德风
二十五年五月十六日序于江湾

第一章　名词的确定

民族和国家的分别　民族是因种族和文化等混合的自然产物,国家是借政治力量——尤其是武力——结合的集团产物。民族是天然的结合,国家是人工的结合。虽然两个不同的种族可以混合而成为另一不同的民族;但一旦结合之后,原有两个种族不能分拆,而产生另一种具有显然特殊的民族性,与他种民族判然不同了:例如现在意大利民族是由罗马族(Romans)、日耳曼族(Germans)、厄特鲁斯坎族(Etruscans)等所混合而成的;但现在的意大利民族已不是罗马族,也不是日耳曼族或厄特鲁斯坎族了;意大利民族已形成一个新民族。同样地,法国民族是由高卢族(Gauls)、罗马族、日耳曼族等混合而成;但现在的法国民族已不是高卢族、罗马族或日耳曼族,而成为另一种新民族了。国家则不然。一个国家可以武力征服其他民族,借用政治的力量使之团结;但这种武力一旦弛怠崩溃,则国家随之瓦解,在它隶属下的民族仍是各自独立的:例如奥匈帝国在欧战以前统治着许多马扎儿人

(Magyars)、斯罗焚人(Slovenes)、意大利人、捷克人(Czechs)、波兰人(Poles)、塞尔维亚人(Serbs)、哥罗特人(Croats)、罗马尼亚人(Rumanians)等;但战后各民族纷纷独立。土耳其在巴尔干半岛的情形也是如此。民族的结合,好像化合物,结合后的物质与原来物质已完全不同;民族复杂的国家,好像混合物,虽勉强将各种物混合在一块,但是很容易将它们分开的。

民族和国家容易混乱的原因 民族和国家两个概念很容易混乱。并且在英文中的 nation 一字,何以包括"民族"和"国家"两种意义呢? 民族和国家虽然不同,但二者的关系非常密切。nation一字的语源出自拉丁文的 natio,是"生长"(birth)或"种族"的意思。一个部落或一个社会集团在事实上或理想上以同一血统相结合者,都可以这个名词代之。以部落为政治单位的时候,有"族"无"国";或者可说"族"和"国"同是一个东西,因为在这种情形之下一个部落就是一个国家,如汉代中国西域和西南夷诸国、上古时代欧洲希腊的城国,尚保留有以部落为国家的痕迹。但后来帝国代城国而兴,一个硕大无朋的帝国包括许多被征服的民族,于是"国家"和"民族"才有分别。但当时中央政府和地方政府的关系是松懈的,所以国家的观念并不很强。到十六世纪,民族王国兴起,于是中央政府的权力渐大,国家观念渐深。民族相同的成立一个国家,如英国、法国、西班牙、葡萄牙都是。同时强有力的中央政府尽力使国内分子采纳同一的宗教、语言、文字和制度,于是国民都有差不多相同的好尚,少数的异族分子完全被吸收,造成一国显明的典型,于是国家与民族又混合而为一了。但国家主义无限发展的结果,产生帝国主义,抱横行全世界的宏志,造成十几万万弱小民族在三四万万强大民族宰割下的局面,① 于是弱小民族于呻吟之余,咸有蠢然发动的可能,民族自决的口号,响应全世界,附属民族都想脱离宗主国,于是民族又与国家分离。

民族与政府 上说已经说明民族和国家的区别,但国家是抽象的名词,它的意旨靠具体的政府表现出来。政府只有治权(国民所赋予的);主权则仍在人民手中(最少,理论上是如此)。构成民族国家的分子,分言之,则为人民;合言之,则为民族。帝国主义向外发展的结果,一国的人民不一定是同一民族,如印度之为大英帝国的臣民(subject)而不是英国民族。同时印度政府的设施,不足以代表印度民族的意旨。这种政府能长久安定的

---

① 世界压迫民族和被压迫民族的人口和土地面积的比例如下(据杨汉辉著:《现代中国政治教育》第十四章第十四页,人文书店出版)。

民族	面积	人口
压迫民族	4,624,435 方哩	349,339,512
被压迫民族	37,796,809 方哩	1,217,654,600

吗？所以理想的政府，应当能够代表真正的民族意旨。

种族与民族的区别 种族为促成民族形成的重要因素，自不待言。上古部落时代，每一部落都因血统的连络，生齿日繁，为日后民族发展的滥觞，所以民族和种族往往容易混为一谈，实则二者判然两物：种族是自然发育的结果，民族是文化熏陶的结果。所以种族的分类是根据体质特征，例如皮肤的颜色、毛发的曲直、眼珠的色彩、颧骨的高下、头盖骨的大小、身躯的长短……；民族的分类是根据文化的特征，例如生活的状况、政治社会的组织、语言文字的构造、宗教的伦理的观念。

第二章　民族形成的因素及其本质[①]

第一节　民族与种族

种族与民族的关系　现在纯粹的种族早已不存在了,或因征服,或因杂婚,或因移居,各种族互相接触的时间愈为长久,则彼此的特性互相熏陶,其相似的地方愈多,结果产生一种具有同样特性的民族。例如我国南人的血缘中,不知有多少苗族的血液;满洲人也和汉人同化,而形成一种嗜好相同、服饰相同的中华民族。又例如美国人有来自英国的,有来自德国的,有来自法国的,有来自爱尔兰和苏格兰的,但他们到美国后,经过长时间的同化作用,形成一种显然的美国人,已不复为英国人、法国人、德国人、苏格兰人或爱尔兰人了。同时从反面说来,英国的盎格罗-撒克逊族与德国人

---

① 参看孙中山先生《民族主义》第一讲。

同为日耳曼种,但两国人民因地理环境和历史演进的不同,所以显然为两个完全不同的民族了。又例如法国人和意大利人同为拉丁族,但也因为地理环境和历史演进的不同,而成为两个完全不同的民族了。在古代,血缘为民族形成的主要因素,因为当时交通不便,部落是孤立的,加以内婚制的盛行,更足以阻碍种族的结合。但因历史的演进,人事日繁,孤立几不能生存,于是种族间接触的机会日多,除血缘的结合外,还可因社会经济利害关系或其他种种关系而团结一致,以致成为统一的民族。所以世界日益进化,种族在民族形成的过程中之重要日益减少了。

种族本质是否有优劣的差异　有些西欧的学者说种族上根本有生成的优劣差别,所以他们以征服文化落后的国家,使之"文明化",为白种人的责任。这种学说,没有科学上的根据,不过为帝国主义者张目,为民族自决主义发展的障碍而已。第一,他们所定优劣的标准,是武力的征服吗? 但历史事实告诉我们,文化比较高的民族往往是被野蛮民族征服的:例如马其顿之征服希腊,日耳曼民族之倾覆罗马,蒙古、满洲之入主中国。白种人所自骄的物质文明——姑借用此名词,未必妥当——是人种优劣的标准吗? 但自产业革命到现今,资本主义发达到了顶点;制造家不为供给需要而生产,乃为谋获得利润而生产,于是造成"朱门酒肉臭,路有饿死骨"的经济恐慌的怪现象。资本主义虽尽力挣扎,而崩溃之期,当在不远,正是弱小民族图存的时候,他们何能以此骄人呢？精神文明——指文学哲学、政治组织等而言——是种族优劣的标准吗？则弱小民族正未多让于强大的民族。有许多政治社会的试验先实行于小国,例如创制制、复决制和比例代表制。讲到文艺方面的贡献,则到现在还没有那国能赶得上希腊和意大利。挪威、瑞典对于世界的贡献比美国还多。犹太人在思想界、实业界,何处不表现他们有绝顶的聪明才智？最大的思想家——马克思和爱因斯坦——是犹太人；最大的财阀和银行家——如洛特细尔特(Rothschilds)父子——是犹太人。这些都是弱小民族的才智不下于强大民族的铁证；并且强大民族压迫弱小民族,使之不能自由发展,是整个人类幸福的损失。

第二,我们更进一步,要问那个种族配自称为最优秀的。日耳曼人自称其种族最为纯洁,所以为世界最优秀的种族；法国人自以为是优良的拉丁族；英人自称为万能上帝所创造最完备的民族。这种思想是民族夸大性的表现,往往反映于各国文学,尤其是诗歌中。实则现在无论何民族,绝对不能说是纯粹的种族了。德意志东部的人民,就含有斯拉夫民族的血统,尤以在东普鲁士地方为然。英国人虽以北欧系为主要成分,但含有凯尔特(Celts)等民族的血统。法国的人民是南北很有分别的,意大利人民也是这样。俄罗斯人民在血统上也欠单纯,并且含有蒙古种族的血统。据说,意大利民族是由二十个,法国民族是由十三个,西班牙民族是由六个,德意志民族是由五个,英国民族是由四个种族混合而成的。所以现代以纯粹优良民种自骄的都是夸大之辞罢了。

现代民族差别的由来　种族的本质上根本没有差别,已如上述;但现代民族有强弱文野的分别,好像个人中有高低贤愚的差别,是我们所不可否认的。这种差别究竟如何产生的呢?这种差别大概第一是由自然环境造成的,第二是由历史的传统关系造成的。自然环境对于民族性的发展有很大影响。气候的寒暖、湿度的强弱,在身体的机能上起了作用,对于种族的形相和气质上有很大的影响。又由感官对种族的高等精神过程上也发生绝大影响。例如高温且湿气多的气候抑压人的活动,使人民懒惰不活泼;反之,高温而干燥的地方,使人不堪继续的活动,而演出激发的间歇的大活动。气候若寒冷而干燥,能使人倾注精力于持久的活动。若寒冷而湿气强,则使人活动迟缓。马来人因住在湿气强的热带地方,迟钝而怠惰;阿剌伯人因住在干燥、热气重的地方而养成热情的性格;住在湿气多的寒冷地方的英人、荷人,虽然钝重,而包含伟大的精力及耐久力,就是实例。

造成欧洲今日物质文明的实业革命,何以发生于欧洲而不发生于中国呢?难道欧洲民族较中国民族为聪明吗?此事也可由自然环境和历史传统的束缚而说明之。中国地广物博,气候温和,稍微劳动即可自给,所以爱土重迁,安于温饱,不肯把性命向海外探险;而历代的统治阶级,以使人民安贫守陋为传统政策,所以压制商贾,禁绝技巧。在这两重束缚之中,何能发展产业?欧洲则不然,地小民众,经济不足,重以政治上、宗教上的压迫,所以视海外冒险为谋生最有希望的出路;同时彼此竞争技巧,一日千里,致有今日。再者,中国分裂之时少,统一之时多,所以统治阶级尽力使海内贤智的思想统一,进步迟滞;并且中国四疆都为文化落后的民族,养成汉族自骄的习气。欧洲则不然,小国林立,彼此钩心斗角,以求相胜;结果,文明程度,蒸蒸日上。所以欧洲人士今日在世优越的地位,由于种族本身者少,由于自然环境和历史传统造成者多。

种族混合和种族孤立的影响 "同姓结婚,其殖不繁",这是我国的古谚,现在已得科学上的证明了。因为古代的姓是代表民族的;民族是由血缘相同而结合的。血缘相同的人结婚,则双方的先天的弱点——无论是显的,或是隐的——凑合起来,使弱点更为显著,所以互婚过繁的家族多生白痴。种族的特性和个人的特点是一样的;同种的人互婚,则使双方弱点更为显著;异种的人互婚,则双方弱点可以互相弥补,而双方的强点可以更为显著。如文艺复兴时代意大利的杰出人才都是产于混合种族地带,即其一例。

但种族的混合多由于武力的征服;而武力的征服使他民族反

侧不安,造成混乱仇杀的现象。所以武力的征服为摧残文化的大魔王,种族混合而产生新的文化,不过意外的副产品而已。最理想的世界,是使各民族能依各民族的意志和特性,尽量地发展其所长;民族间彼此竞争,使文明的车轮前进不已。例如上古的希腊诸邦、中国周末诸侯和中古末叶意大利的城国。希腊的文明因马其顿人(Macedonians)的暴力征服而绝传,春秋战国的学术因嬴秦统一而奄灭,意大利城国的文明因法、德、奥的逐鹿而被摧残。这都是武力阻止民族自由发展,使整个世界文明受到损失的事实。

现在以提倡文明为责任的白人拼命压制民族自决的运动,以就其利己的私心,何其矛盾如此!

第二节　民族与语言文字

共同语言文字与民族意识的发展　语言文字是传达人们意旨的工具。因语言文字的相同,人们才能够彼此了解。并且相同的语言文字往往代表共同经验和共同情绪,所以语言文字的相同可以证明文化的遗产是相同的,因此可以使彼此感情融洽,同心协力,努力全体幸福的发展。语言文字确是团结民族精神的金链,唤醒民族意识的洪钟。

国语文学与民族国家　语言文字相同的,容易团结起来;反之,语言文字不同,容易发生误会,结果引起许多无谓的纷争。中国各地方言不同,但能维持数千年来的统一,因为文字是相同的。难学难懂的方块汉字虽然有人说是阻碍中国文化进展的大原因,但汉族能始终团结,未始非统一的方块汉字的功效。西南历代都是多事的地域,虽然以政治经济等为其主要原因,但方言的悬殊,也许有点关系。内蒙古、西藏、青海等地,因为交通的不便,语言的隔离,使我们看待内蒙古、西藏、青海等地的同胞有如异族。所以要唤起四万万人民的民族意识,统一的国语运动,刻不容缓。

欧洲在近代初叶的情形,和我国相似。在中古时代他们一般官厅,以及知识阶级所用的文字都是拉丁文,拉丁文虽然是一种无人说了的死文字,但因文字统一的原因,使一般知识分子不感觉有国界的分别,使一般平民仍有统一的罗马帝国的憧憬(神圣罗马帝国的理想,就是想继承统一的罗马帝国的声势)。但到了近代的前夕,因国语文学的产生使各国的方言一例标准化,可以用为表现文学的工具,他们的语言文字相同了,民族意识更为确定,造成现在欧洲各国民族显然不同的局面。

例如英国的语言文字在中古时代极不统一。土著不列颠人的语言还存在,侵入英国的丹麦人(Danes)、盎格罗-撒克逊人(Anglo-Saxons)和诺曼人(Normans),每种民族都有他们的方言,带入英国,使与本地的语言相混合,流行民间。但这种语言是不统一的,同时也没有人敢利用这种语言作表现文艺的工具。英国的国语文学至威克里夫(Wycliffe, ?—1384)和却赛(Chaucer, c. 1340s—1400)才完全成立。他们把东密德兰(East Midland)方言为本,加入法文和拉丁文,使字汇丰富而含义美丽,使后代的英人不但文字方面能够统一,就语言方面也能够一致了。

同时法国、西班牙、葡萄牙也同样地产生国语文学,促进诸国民族的团结,造成各自独立的民族国家。

语言的变更与民族性 语言也和血统及其他文化因素一样,可以因时因地而变更,国民性也随之受其影响的。例如保加利人(Bulgarians)原是属于芬族(Finns)的系统,由伏尔加河(Volga River)畔移到多瑙河(Danube River)流域后,他们就完全采用斯拉夫语言,别人把他们当作斯拉夫民族了。又例如满洲人侵入中原后,历代清帝严禁他们的部下说汉语、作汉文,但到现在不到三百年,旗人完全和汉族同化了。这都是语言文字的变更,使民族特性也随之改变的明证。

上面所说的是自然的混合,非人力所为。也有以武力强迫他族的语言文字改变,使与己的民族性相合的。这是近代帝国主义者常常施行弱小民族的手段,是民族自决运动者所极力反对的。但被征服者采用征服者的文字的实例颇多:例如爱尔兰及威尔斯人民的主要部分是属于前凯尔特(Pre-Celtic)种族,而他们的发音全没有前凯尔特族国语的痕迹,他们完全采用了征服者凯尔特族的语言。

现代帝国主义对于弱小民族,武力征服之后,常继之以文化侵略,想把弱小民族的语言文字和思想都改为与己者相同;这是一般民族自决运动者出死力以反对的。但事实上他们果能获得他们所期望的结果吗?文化的采纳与否,由于自然之力者为多,事难勉强。

语言不能作民族特征的可靠标准　现在确定民族的方法,普通以语言作民族征证的根据。例如以说俄语者为俄人,说法语者为法人。这种方法是不可靠的。例如全世界说英语的一万六千万人中,而真正的英格兰人不过三千四百余万人,难道我们一万六千万说英语的人(包括英国人、爱尔兰人、非洲黑人)都是英国民族吗?挪威人和丹麦人的语言相同,西班牙人和南美中美人民的语言相同,我们不能说这些语言相同的都是民族相同。反言之,比利时人民有说法语的,有说德语的,有说法兰德斯(Flanders)语的;瑞士人有用法语的,有用德语的,有用意语的。但我们不能认为比利时人或瑞士人不能成为一个民族；因为他们已有同一民族的意识了。

第三节　宗教与民族

宗教和民族的起源　宗教是人类征服自然的过程中，对于超人势力的一种信仰。自然的现象，初民不解，以为是神，所以敬礼之。动植之不尝见者，或吾人所倚以为生者，如蛇、如牛、如火、如泉水，都以为是神，而敬礼之。对于已死的祖先，当然更加敬爱，希望得着他们的庇护：这都是宗教的起源。

民族起源于家族。家族内一切人员的祖先相同；所奉为神明的"图腾"（totem）也相同；日夕所倚赖为生和敬畏的自然现象也相同；加以朝夕相处彼此的情感和信仰也相同：因此，一家族一部落的宗教总是相同的。家族内或部落内的一员对于神明有开罪的地方，罚及全族；所以全族要求惩罚此犯罪的人。这时候，有团体的宗教，而没有个人的信仰。

一个家族或一个部落扩充成为一个民族后，宗教仍为团结民族的重要因素。在"族国认识"没有确定以前,"异教徒"是个国人皆曰可杀的罪名。在中古时代,"爱国"(patriotism)一名词,很少有人能领略的;但为保卫基督教而牺牲的"殉教"事业还能唤起整千整万人的追随,先后几次十字军不是很好的例子吗?

宗教的分歧和民族国家的兴起 宗教为团结人群的有效势力,已如上述。到十六世纪,因为国际的战争、贵族的崩溃、中产阶级的兴起和王权的增加,民族意识渐渐浓厚起来了。民族国家的成立和宗教的分裂是互为因果的。德国诸侯反对旧教的原因当然是由于教皇和诸侯对于政治权利和经济权利的利害冲突;但因德人受意人的长久剥削,所以深足以唤醒德国人士的自觉,连合起来反抗异族。德国的民族国家依理应当早已成立,但因诸侯的自私,中央政府的软弱,使它的统一不得不等到一八七一年了。

英国教会之和教皇决裂,法王之由新教改信旧教,西班牙之厉行旧教徒压迫新教徒:都有民族意识为其原动力。民族因宗教而团结巩固,同时宗教也"国族化"(nationalized)了。

宗教不同为民族统一的障碍 宗教相同,能使民族团结一致;反言之,宗教不同,往往为民族统一前途的障碍。例如信旧教的爱尔兰人不能和信英国国教的英吉利人合作;同时信英国国教的爱尔兰北部"厄尔斯特"(Ulster)的人民与信旧教的爱尔兰南部的人民也不能合作。因为哥罗特人信天主教,塞尔维亚人信希腊正教,所以巨哥斯拉夫(Yugoslavia)发生严重的宗教问题。印度民族运动失败的主要原因是宗教过于复杂，回教徒和印度教徒容易发生冲突；宗教的歧视使民族意识薄弱了。

宗教不是构成民族本质的要素 宗教和民族的关系如此重要；但人群进化日甚，宗教约束人群的效力日益降低。尤其我们不要误会，以为宗教是民族本质的要素。世上有许多宗教不同的集团，因为彼此利害关系而结合成为一个民族的。美国独立时的十三州人民，宗教很不一致：有信极端的天主教的，有信长老会教的，有清教徒。差不多应有的宗教别派都有了。但他们因为共同的利害关系，团结一致。现在熏陶日久，成为一显然与他族不同的民族，绝没有因为他们的宗教不同而有分离的现象。"异教徒"一名词不像四五百年前一样的可畏可恶了。如果现在有提倡十字军的人，则从军的人不是傻子就是疯子了。①

现在文明各国，多已颁布信教自由，再没有以政治的力量来强迫干涉个人的信仰的了。所以民族自决运动者一方面要提起本民族大多数人民所信仰的宗教，一方面要容忍并尊重少数人民所信仰的宗教，使内部阵线不致因宗教问题而分裂，晚近印度的民族运动，回教徒和印度教徒连合起来，就是显明的例子。

---

① 就是从前十字军的目的，主要还是为争经济上的利益，夺回圣地(Holy Land)，不过是幌子罢！

第四节　历史与民族

现代的民族是过去历史的产物　现代的民族,不是"自古如此"的,是经过长期的奋斗,然后发展成为现代的形态的。历史记载民族过去奋斗的历程,较量其总成绩,以传之后代。所以民族之有历史,犹个人之有记忆。每人能保全他的个性就是因为他没有忘记过去的事迹,尤其因为他没有忘记与他同时的人的事迹。民族亦然:因为我们接受前代的文化遗产,传之来叶,所以我们仍能保全我们的民族特性。我们现在的行动,往往明知受过去传统观念的支配,而不能变动的。例如我国昔日朝廷行政,多承前代遗制,少有更变,好引"故事",以为现代行动的张目。例如在英国女子可以继承王位,在法国(王政时代)则不可,在美国总统不得继任三次:这都是受过去传统观念约束的结果。

我们将来的行事,也有受过去历史的支配而不自觉的。例如生产与分配无整个计划的资本主义社会必然崩溃,帝国主义者必互相倾轧,引起第二次世界大战,以便从新分配殖民地的利益等,都是必然的结果。

现在英国占领全世界将近四分之一的面积,[1]是十六、十七世纪以来殖民战争的结果。中华民族是数千年来各种民族融合的产物;中华民国的产生,也是近百年来——其思想甚至可以追溯到明末清初的时候——民族运动的结果。总之,现在是过去产生的结果,将来也逃不去历史的影响。

历史教育与民族意识的觉悟　先贤可歌可泣的事业,载于史册;后人读之者感化兴起,爱国之心油然而生。所以俾士麦曾说过:除普鲁士的军队之外,对于创造德国历史最有贡献的要推德国的历史教授了。在德国煽动民族的情感最有力的是达尔曼(Friedrich Christoph Dahlmann, 1785—1860)、特雷新(J. G. Droysen, 1808—1884)、济柏尔(Heinrich von Sybel, 1817—1895)和多赍乞克(Heinrich von Treitschke, 1834—1896)四人。他们编辑篇幅巨大的史料,使德国人士对于过去光荣的事迹,有共同的感觉。在法国有亨利·马丁(Henri Martin, 1810—1883)所著的《法国史》(*Histoire de France*)和退里(Thierry)及米细勒(Jules Michelet, 1798—1874)的著作,使法国民族感觉光明灿烂的过去,更足以促成向前发展的心绪。意大利的统一是受波塔(Botta)所

---

[1] 全世界陆地面积为13,236万方公里,英国占3293万方公里。(见生活书店出版《世界政治经济地图》)

著《意大利史》(Storia d'Italia)的影响;捷克斯拉夫的建国,大概还是受了帕拉次歧(Franz Palacky)所著关于波希米亚历史诸书的影响;罗马尼亚之成为民族国家,因为受了芝姆保(Alexander Xempol)所著关于罗马尼亚历史的影响。当历史家在波兰人面前提起查格伦王朝(Jagiellon dynasty)的伟大时代,在塞尔维亚人面前提起杜山(Stephen Dushan)的时代,在菲律宾人面前提起玛拉洛斯共和国(Malolos Republic),或在印度人面前提起蒙兀儿帝国在东方的伟迹的时候,他们便会自然地借着他们的共同记忆,而把他们的复兴民族的力量唤起来了。

历史的教育与民族间的仇视 民族间的仇视,由于真正利害关系者半,由于历史的成见者半;历史的成见半是民族记忆中的自然反应,半是由于民族间有意的宣传。例如我国与东邻的冲突,自甲午之役以至"一·二八"事件不断地发生,无论如何健忘的人,总不易把这些深入骨髓的伤痕忘掉,每当阴雨之夕,未尝不抚痛思报。美国独立后,至今历史教科书中尚有反对英人专制的论调;国际战争时,双方不惜虚造事实,以诬对方,同时唤醒本国民族团结对外,这都是人工煽动,使国际间的仇恨更深的实例。

历史与民族自决 历史传说为团结民族使之一致的有效势力;所以有些民族是否有自决权,和其疆域的划分,多半要以历史为根据。例如波兰的要求独立,谁也不能否认。但同时,帝国主义也根据过去历史,抱并吞邻国的雄心,为民族自决运动的障碍。例如希腊希望恢复东罗马帝国的旧疆,而时与土耳其、布加利等国冲突,于是巴尔干半岛遂无宁日。意大利希望恢复西罗马帝国旧疆,于是东争阜姆(Fiume),南拓非洲;但因列强的牵制,一筹莫展。德意志不忘情昔日帝国的殖民地,屡有乘机待发之心。这些强国为过去的历史传统所中毒,构成民族运动者的绝大恐怖。

第五节　共同利害关系与民族的形成

经济问题为民族形成的重要原因　人类的行为,大都受经济因素的支配。民族的团结,经济为最重要的原因。例如我国汉族之形成,秦代为一最大关键。秦以前,境内分为许多国家,夷狄杂居内地,各国都有其特性。但因是时交通频繁,商业资本发达,促成国民经济的雏形,全国各地互相依赖,因为经济上的统一,造成政治上的统一,使汉族能够融化各种民族,产生伟大的汉族。同时经济上的冲突,增加民族间的仇视,使诸民族永无调和的可能。注重浮海经商的荷兰人和注重农业的比利时人当然没有在同一个政府之下同化的可能。英法两国因争夺北海沿岸经济利益的关系造成英法百年的长久战争和几百年后的长久仇视。美国南北战争的结果，美国没有分裂，真是万幸；但南方战到最后完全没有办法后才肯屈伏，也是因为经济利害关系。爱尔兰反抗英国的主要原因，还是经济的关系。所以民族的成形，经济利害关系多为主要的原因。

经济利害关系非必职业相同 职业相同或相类似的人民，经济利害相关，容易团结，是很显明的现象。例如丹麦和荷兰民族的团结，经济上的因素比较其他任何因素为重要。德国什勒斯威（Schleswig）的农民和柏林新闻记者的关系必不若德国农民和丹麦农民的关系之密切。假若没有其他因素的牵制，则丹麦农民和德国农民能够酿成民族的共同意识，也不可知。但所谓经济利害相关，不必定要职业相同，因为职业相同，则所依赖其他职业的程度更为增加。所以多尔塞的农夫和兰开夏（Lancashire）的工厂劳动者，职业虽不相同，但无碍其为英国国民；布洛温斯（Provence）的葡萄栽培者和里耳（Lille）的机器匠，职业虽不相同，但无碍其为法国人民。因为地理的接近、经济的依赖，使他们自然地团结起来了。

外族政治的压迫为促成民族团结的因素 一个民族若受其他较强民族的政治压迫，且同时受其经济榨取的时候，于是经济上的共同利害和政治上的共同利害连合起来,促成民族的团结。十四世纪末叶,法国的西南大部分土地都为英国占领,英王还不断地侵略法国,使法国不但失掉滨海一带渔业、航业的经济利益,并且有失掉政治上独立的危险,所以促成法国民族的觉悟,造成百年的长久战争。终把英人驱逐于法国以外,为近代法国民族光明历史的基础。同时近代的民族自决运动,如爱尔兰、印度、朝鲜以至中国、波斯等,何一民族不是因为受外族经济的政治的压迫而起的呢?

第六节 民族的本质——民族意识

民族意识与形成民族之因素的关系 上章所说的都是形成民族的因素,而不是民族的本质;因为这些因素,无一为每个民族绝对所必需。然则民族的本质是什么呢?我们可以说是民族意识。所谓民族的意识,便是一民族的分子感觉自己和民族的关系以及自己民族和别民族不同的思想。假如上面所说的民族因素不甚积极,不甚显著,使具有之者没有深切的民族意识,不自觉其为特异的民族,则这些因素仍不足以形成民族。有些学者甚至这样说:种族、语言、宗族等等是否能成为民族的因素,要看它们能否渗入民族的集体意识中为标准。民族意识是民族存在的试金石。

民族的集团化成民族的第一步象征,便是民族意识已经发展到大部分人已一致知道他们是一个民族。在民族的成员未曾自觉到他们是共同一致,是一个民族以前,我们很难说它是个民族。当民族的感觉和意识发生以后,然后民族的分子,自己感觉到他们共同的属性,以冀促进他们的特殊的民族、风俗、制度、生活形态的发展。

但是民族意识的兴起,实有赖于上述之形成民族的因素——如共同语言、传说、宗教等——的存在。所以民族意识和民族的各种具体因素是相辅而行的。各种具体因素在民族集团的各分子未有认识他们的存在以至获得民族意识以前,本身对于民族是无深大意义的。在他方面,这些共同的因素如不存在,民族意识将无从发生。

民族意识可视为民族发展和团结的具体因素　在民族意识的感觉之下,民族的分子须常把他们所具的民族情绪具体表现出来。因此,民族意识又可视为民族发展和团结的具体因素。一个人之所以肯毅然援助他们的同胞者,大抵由于民族意识的激动。

当我们在异国遇见祖国同胞的时候,我们所感觉到无穷的喜悦,这就是民族意识的表现。同样,当我们的民族受人侮辱、轻蔑或毁谤,我们所感觉到重大的痛苦、悲哀,也是民族意识的作用。所以,如果仅就个人与其民族的关系一层说,民族意识对于他的生活实有深远强烈的影响。民族意识的发展,足以促起民族中的各分子使之承认和接受民族的理想和传说。

当应召从军的时候,个人之所以慷慨果决为民族战死者,也是由于民族意识的作用。差不多一切个人的民族思想的积极的和固意的表现,都是出自民族意识的耸动。

重建意大利的民族主义领袖,极力激动国人的民族意识,其对于民族意识的价值之认识清楚可知。凡足以激发国人情感的事物都引以为诉动之助,而措辞复力求深切动人。

既有民族意识的存在之后,民族集团的分子,才有欲拥护和维持他们的民族生存的意志。

第三章　民族自决的意义和历史

自决在心理学上的意义　自从十七世纪以来,"自决"这个字和神学上的"自由意志"一字,便可通用。在心理学上,"自决"是"内心的决定"(inner determination),与"外界的决定"的意思相反。"内心的决定"的意思,以为人的意旨是由其内心的动机、嗜好及其他心理原因决定的。其实"内心决定"的解释,现已不能存在,因为人类内心的动作总是受环境的支配的。

"自决"用在政治上是近代的事,有人主张"种族自决"(Self-determination of races),如日本在巴黎和会中提出的种族平等问题。现在政治上通用的是"民族自决"(national self-determination or self-determination of peoples or nations)。我们现在所要讨论的,是属于后者。当然,种族和民族的区别,我于第一章中已说明了。

民族自决的意义　民族自决的意思就是每个民族内部的一切问题,如政治、经济等等应由该民族自己决定和主持。此事可分两类:一为一个已经独立的民族,因为想获得更民主化的政府,而行使自决权,不容其他民族的干涉,例如三次法国革命的目的,都是如此。一为在他民族统治之下的许多弱小民族,要求独立;或已经散居于各处的民族,要求复兴。例如土耳其治下的巴尔干半岛诸国的兴起,英国治下的印度和爱尔兰要求独立,波兰人和犹太人之要求中兴,都是。本文所论尤注重于后者。

民族自决原则的起源 民族自决的原则盛行于十九世纪;但它的实行,早在一五六二年。当时法国割让勃艮第(Burgundy)的时候,有些人极力反对,他们的理由是:"按照法律,若不得人民的明示的同意,城和省是不得割让于他国的。"这就是民族自决的起源。

民本主义的思想与民族自决 自十八世纪末叶,法国一般自由主义者主张国家的主权在人民,政府不过是实行人民意旨的工具。将这原则伸引起来,领土的归属问题、政府国家的体制问题,都应由人民自由决定,不容以外族的武力强奸民意。这就是民族自决理论上之根据。

法国革命与民族自决 民本主义至法国革命而实现。一七八九年八月十一日国民会议所颁布的《人权宣言》明明规定:"法律是公共意志的表现。立法每个公民有权参加或直接由于他本人或间接由于他的代表。在法律上人民一律平等。"翌年五月二十七日,它又申斥以武力并吞土地的不当。它规定国家的政体,主权的归属等大问题应由人民自己决定。所以一七九○至一七九一年间亚威农（Avignon）和孔德-威泥沁（Comtat-Venaissin）的教皇区内九十八个地方自治区域都先举行民众投票的手续才将它们合并的，虽然这种投票的性质有强迫的意思。在一七九二年和一七九三年，萨伏依（Savoy）和尼斯（Nice）也是先举行民众投票的。

拿破仑是法国革命的产儿；他的兴起由于民本主义和民族主义的号召，所以他的军力所到的地方，就是法国法律所到的地方。德意志、意大利、波兰等民族都在这个时代受很大的激刺，想团结起来。但他一旦得势之后，西欧各国都变为他的私产，由他任意赠送于他的兄弟姊妹和亲戚们，促成西班牙、葡萄牙、意大利、德意志等民族的反抗，所以最后倾覆拿破仑的战争，叫作民族解放战争。

拿破仑战争，使西班牙、德意志、意大利的民族意识特别发达。拿破仑失败后，维也纳会议处理欧洲的事务，但此次会议失败的最大原因，即为民族主义的忽略，强国君主以土地人民相交换如私人之转让动产一样，未得人民的同意。例如瑞典割芬兰于俄，奥国得着意大利的米兰和龙巴第（Lombardy）、威尼西亚（Venitia），瑞典得着丹麦的挪威，荷兰得着比利时。这都违反民族主义的精神，所以引起日后无穷的战争，最显著的是一八三一年比利时的革命、一八五九年的意奥战争。

一八四八年革命与民族自决　维也纳会议后，整个欧洲处在反动势力之下，民族当然没有自决的可能；但梅特涅（Klemens Lothar Wenzel Fürst von Metternich）不能促使世界的潮流向后倒退。匈牙利在爱国志士噶苏士（Louis Kossuth）指导之下宣布独立；德国民族举行法兰福尔会议（Frankfurt Assembly），希望能创立一个统一德国的君主立宪国家；意大利诸邦的君主多被人民驱逐；爱尔兰的少年爱尔兰运动也因之勃兴。于是民族主义和民权主义又澎湃于全欧。

意大利诸邦君主被逐后，如龙巴第、威尼西亚、巴玛（Parma）等地都举行民众投票，赞成与撒丁尼亚（Sardinia）合并；同时撒丁尼亚的国会也发表宣言称："非得到该地人民的同意，决不并吞任何土地。"同时普鲁士也主张北什勒斯威举行民众投票，但丹麦反对。由此我们知道民族自决的原则，在当时的国际上是公认的。可惜革命势力不久就被反动的势力征服了。

但反动的势力终敌不过时代的车轮。十九世纪后德意志、意大利和巴尔干半岛诸小国的统一和独立，都是民族主义和民族自决两大潮流中的产儿。

欧战与民族自决　在一八四八年到欧战底期间，民族自决运动除巴尔干及匈牙利外，并无如何进展。因为欧洲四大帝国——俄、德、匈奥和土耳其——的势力巩固，可以尽力压迫它们治下的弱小民族。在俄国统治下的，有波兰人、立陶宛人（Lithuanians）、芬兰人、佐治亚人（Georgians）和乌克兰人（Ukrainians）。他们的语言文字风俗习惯，多与俄国本部人民不同。德帝国治下有一八六六年兼并的什列斯威境内的丹麦人、一八七一年兼并的亚尔萨斯-洛林的法国人及波森（Posen）境内的波兰人。匈奥帝国统治下的有捷克人、斯罗伐克人（Slovaks）、波兰人、鲁特尼亚人（Ruthenians）及南斯拉夫人。土耳其统治下的，有阿剌伯人、亚美尼亚人、希腊人和古的人（Kurds）。这些强国都极力反对民族自决主义；弱小民族因为无援孤立，不能不暂时屈伏于强暴之下了。

欧战爆发后，欧洲附庸民族乘机而起，以谋独立。一九一五年六月，在法国提倡之下，各民族举行一个国际会议于巴黎，设立一个代表一切民族的常设委员会。以后几次会议都在巴黎和洛桑（Lausanne）二地举行。该会发表《民族权利宣言》，其序文内申明："种族的分歧是人类进步的宝贵因素。"又说："民族，不论其所依赖以成立的是共同的种族、共同的语言、共同的习俗，也不论其成立的原因是否由于不同的人种团体自愿联合，均有自由处分其自己的权利。领土不得背于人民的利益及志愿而并吞或转让。"依照该会议的意见，附庸民族的地位，应由一种公正的机关，如海牙的仲裁法庭等决定。

威尔逊的十四点与民族自决 《民族权利宣言》的主张，协约国的政治家当然一致赞成——最少对于同盟国治下的附庸民族是赞同的，其目的在分散敌人的势力。

一九一八年一月八日美总统威尔逊向国会演说，提出十四点（Fourteen Points），为日后媾和的基本条件。这十四条件大部分是民族自决主义的实施方案。如第五点规定："应当绝对公平地考核一切殖民地的要求，殖民地人民的权利与该地政府的权利有平等的重要。"第七点规定："凡在比利时境内的外军应即完全撤退，使比利时复成为完全自主的国家。"第八点规定："使法国恢复亚尔萨斯-洛林，纠正一八七一年普法战争的错误。"第九点规定："重行公正厘定意大利的疆界，确定其所能认清的民族界线。"第十点规定："予匈奥人民最自由的发展自治的机会。"第十一点规定："恢复罗马尼亚、塞尔维亚、蒙特尼格罗的被侵略的土地，巴尔干诸国的相互关系，应在国际担保之下，依照历史上所定的忠顺及民族的界线而决定之。"第十二点规定："土耳其帝国中属于土耳其人的几部分确保其有安全的主权，其非土耳其民族的部分有自决权。"第十三点规定："恢复波兰的独立。"

列强对于民族自决原则的态度　自威尔逊提出民族自决的原则以后，协约国因为可以利用为促成同盟国的瓦解，所以尽力提倡。实则各国有各国心事，所以对于民族自决原则的态度也各不相同。法国想利用此主义引诱同盟国治下的弱小民族起事，以牵制它的敌人；同时可以恢复一八七一年失去的亚尔萨斯-洛林两州之地,所以它是赞成的。但它对于安南和在非洲的殖民地人民便不赞成民族自决了。德国主张在亚尔萨斯-洛林举行民众投票,它也不赞成了。英国在战事没有结束前,当然赞成敌国治下的民族自决,允许自己的殖民地人民将来有自治权。但战事结束后,它可以全力镇压它治下的属民,否则阿剌伯的兴起,将断绝英国与印度的交通;埃及和印度的独立,将使它国内纺织工业所倚为生命的棉花供给断绝。它为它自己本身的生存问题,不能不对于民族自决原则有相当保留。意大利则根本反对,否则它在和会所要求的土地就没有理由了。例如它所要求的提罗尔(Tyrol)多为奥人,操德语;它所要求的多第堪尼西(Dodecanese)诸岛,语言、种族皆同于希腊;它所要求的达尔马提亚沿岸(Dalmatian Coast)则系斯拉夫民族所居之地。所以意大利要想扩充领土,就不能不放弃民族自决的原则。

完全赞成并且彻底实行民族自决原则的只有苏俄。一九一七年十一月它下明令承认此原则,以后还与它从前的附庸民族订立平等条约,以此原则为根据。一九二〇年二月二日俄国与爱沙尼亚缔结条约,"其依据的原则是一切人民均有自由决定其自己的命运的权利;甚至于它可以与原来的母国分离"。同样在一九二一年三月十八日在波兰、俄罗斯及乌克兰所缔结的条约中,规定:"缔约国根据民族自决的原则,承认乌克兰的独立。"

巴黎和会与民族自决　巴黎和会中根据民族自决的原则，承认波兰、捷克斯拉夫、奥地利及匈牙利四个民族的独立。同时，民族自决的原则，使法国恢复了亚尔萨斯-洛林；丹麦收复了什列斯威；罗马尼亚收复了德兰斯斐尼亚（Transylvania）及布柯维纳（Bukovina）；塞尔维亚也合并了从前在匈奥帝国治下的五百万斯拉夫人和蒙特尼格罗小王国，成立南斯拉夫王国。

但巴黎和会是战胜国分配战败国赃物的场合。所以于协约国有妨碍的地方则尽力防止民族自决原则的实行。例如奥国、德国虽同为日耳曼民族，但和会不许他们联合，法国恐怕树一强邻。德人占多数的默麦尔（Memel）割于立陶宛，以但泽（Danzig）为国际自由港。德国殖民地都被瓜分，这些都是违反民族自决的精神的。

欧战期中，世界弱小民族都因为协约国有赞成民族自决的诺言，十分欢悦。所以战后朝鲜人、菲律宾人、埃及人、爱尔兰人和印度人都请求独立，但巴黎和会都拒绝了。对勒姆人（Lems）、新迦勒底人（New-Chaldeans）、亚美尼亚人、亚特兰岛民（Ålanders）、多第堪尼西人及乌克兰人等弱小民族的要求，也没有予以有利的处置。所以弱小民族欲得着真正的自决权，尚有待于今后的努力。

今后的民族自决运动　现在民族运动方兴未艾。这些运动可分为三大类：第一类为大帝国直接统治下的弱小民族的自决运动，如英国统治下的爱尔兰、印度、南非等地的独立运动；如日本统治下的朝鲜；如美国统治下的菲律宾独立运动。

第二类，是名为独立，而实际上受列强支配的国家，它们想摆脱外人的势力，尽力挣扎；如中国，如波斯，如不丹、尼泊尔，如埃及等地都是。

第三类，是国际间所争执的土地，甲国人民居某地而受乙国的统治者；如意大利在爱琴海中所占的岛屿都是希腊人，为希腊人所欲得而甘心。欧战后，所得的提罗尔南部人民是说日耳曼语的，想和奥国一起；所得亚得里亚滨海之地，为南斯拉夫民族居住，它想和南斯拉夫合并。

第四章 民族自决运动之背景和理由

第一节 民族自决运动之背景

现在的民族自决运动,情形十分复杂。我们分析其由来,可分三方面观察:

(一)从民族方面观察,民族自决运动是弱小民族反抗异族统治的一种运动。

(二)从经济方面观察,民族自决运动是产业落后的国家反抗帝国主义(资本主义的最后阶段)的一种运动。

(三)从社会阶级方面观察,民族自决运动是劳动阶级联合起来,反抗帝国主义下卵育的国内资本阶级的一种运动。

这三方面的观察,是受三种主要潮流的影响,就是民族主义、资本主义和社会主义的影响。现在我将三种影响分述于下。

第一项　民族主义的影响

民族自决的原因　民族要求自决权的主要原因,是各民族都有独立自尊的人格,不愿受他族之统治,犹个人之不能受他人的统治一样。更加以统治民族对于被统治民族的虐待,使被统治的民族有更深切的自觉,而团结一致,作反抗统治民族的运动,大有非达到目的不止之势。

强大民族往往以武力征服弱小民族,继以同化政策,一方面消灭弱小民族的固有特性,一方面赋予以强大民族本身的特性。同化政策若能成功,则一个民族虽被异族统治,而不自知了。施行这种同化政策最力的是土耳其、奥地利、俄罗斯三国;但三国的同化政策都归失败,所以它们统治下的民族自决运动都有成功的希望。现在我将三国情形略加说明,就可以知道民族自决运动发生的原因了。

土耳其治下的民族问题　土耳其在它的全盛时代,包括小亚细亚、巴尔干及非洲的北部。土地既硕大无朋,民族当然也很复杂。这些民族受法国革命的影响,都要求独立。今将各民族略述如下:

（一）塞尔维亚人。他们是属于斯拉夫的血统,语言也与斯拉夫民族接近。有少数信仰回教和天主教,但大部分是信仰希腊正教的。职业以牧猪最为有名。

(二)布加利人。他们也是斯拉夫种,说斯拉夫语。经济上,他们多是以农为业。

(三)罗马尼亚人。他们自称为古代达西亚(Dacia)罗马移民的后裔,其语言文字是属于拉丁系。但其居民多似斯拉夫民族。经济上,他们也多以农为业。

(四)希腊人。他们自称古希腊人的后裔,其语言文字亦多以希腊文字为基础;但实际上多为斯拉夫族的后裔。人民多以航海为业,地理环境使然。

(五)阿尔巴尼亚人。他们是一种好战的游牧民族,其语言是罗马尼亚语、土耳其语、希腊语、斯拉夫语的混合物。人民多信回教,但少数希腊教徒及天主教徒颇有势力,不可轻视。

(六)亚美尼亚人及犹太人。他们散居于巴尔干半岛各地。亚美尼亚人是一个古代民族的后裔,信基督教,笃守他们的宗教、传说和理想。犹太人的数目比较少,大部分散居于萨罗泥歧(Saloniki)和君士坦丁堡。多以放债为职业。

(七)吉普息人。此外还有游荡的吉普息人(Gypsies)散居各地。

土耳其对于基督教徒的压制政策 土耳其是各民族中的统治

阶级；许多高级官吏、大地主和上等社会大概是由这阶级出来的。他们是回教徒，藐视基督教徒，称之为"兽民"（Rayahs）。宗教的歧视使统治阶级与被统治阶级间的仇视更为深刻，结果时常发生流血的惨剧，更足以促成各民族意识的发展。

土耳其人对待基督教徒极不平等。在法律上，回教徒的证言比基督徒的证言有力得多，在纳税方面，基督教徒比回教徒为重；他们除缴纳通常捐税外，还要缴纳"人头税"。昔日基督教徒还要贡献小孩，养为回教徒。

民族主义的宣传 巴尔干诸民族既受土耳其的压迫，其民族情感在十九世纪产生极有力的影响。其民族主义的宣传，可分三方面说明。第一，文学上的工具：希腊的学者重复研究古典的希腊文学，塞尔维亚人准备第一部塞尔维亚文字典和文法，罗马尼亚人尽力使他们的语言文字切近于拉丁文；一八三五年布加利文法出版。他们又设立学校、教训语言文字和鼓吹爱国主义。

第二，宗教上各国的教会独立，隶属于政府：十九世纪时，塞尔维亚及罗马尼亚的教会已得到自治权，希腊人也将他们的教会化为国有。

第三，政治上的鼓吹：他们鼓吹过去民族的光荣，加强民族的意识。希腊人不忘情于希腊联军大败波斯军，或拜占庭帝国（Byzantine Empire）全盛时代的历史；塞尔维亚不忘情于杜山时代的伟大帝国；布加利不忘情于西米昂帝（Bulgar Tsar Simeon, 893—927）和阿森第二（Ivan Asen Ⅱ, 1218—1241）的时代。观察过去，启发来兹。

巴尔干诸国的独立　巴尔干诸国的民族意识既已养成之后，加以列强的援助和土耳其政府的腐败，所以它们都纷纷独立了。蒙特尼格罗于一七九九年独立；塞尔维亚于一八三〇年得着自治，一八七八年独立；一八三二年希腊革命成功；罗马尼亚于一八二九年得着自治，一八七八年完全独立。于是在土耳其统治下的欧洲民族得以完全解放。但俄、奥对于这些弱小民族的威胁，有增无减。所以这些民族的自决运动必到欧战以后，才算得完全成功。

帝俄治下的民族问题　第二个压迫异族最重要国家要算帝俄国了。帝俄包括下列各种民族：

（一）大俄罗斯人。俄国人口，主要部分为大俄罗斯人（Great Russians），一八九七年约有五千万。他们是斯拉夫种族，说斯拉夫语，信希腊正教。居于大俄罗斯平原，以莫斯科为中心。

（二）小俄罗斯人。散居于俄国西南部大草原一带的俄罗斯人称小俄罗斯人（Little Russians），人数约二千万，以乌克兰为中心，说小俄罗斯语，信希腊正教，也是属于斯拉夫族。

（三）白俄罗斯人及立陶宛人。白俄罗斯人（White Russians）

约五百余万,说白俄罗斯语,信希腊教。立陶宛人约二百五十万,也属斯拉夫族,信天主教。

(四)哥萨克人与罗马尼亚人。哥萨克人(Cossacks)居南俄罗斯,为俄人与哈萨克族(Kazaks)互通婚姻所成之信仰希腊教民族。比萨拉比亚(Bessarabia)省在罗马尼亚北部,居民都是罗马尼亚人,俄土战争后,为俄国所并。

(五)芬兰人、勒特人和爱沙尼亚人。这些民族居于波罗的海沿岸,种族相似。芬兰人约二百五十万,勒特人(Letts)约一百四十万,爱沙尼亚(Esthonians)约一百万。

(六)波兰人。人民约七百九十万,他们有不同的语言和文学,热烈地信奉天主教,有重建民族政治上独立的企图。

(七)犹太人。犹太人属于闪族(Semites),他们有不同的信仰,散居于立陶宛、波兰、小俄罗斯等地,约五百万人,常受俄人的压迫。

皇政时代的俄化政策　俄人力倡大斯拉夫主义,一方面尽力将大俄罗斯的语言制度强迫施行于俄国的异族人民,一方面要消灭异族固有的语言制度。所以在历代沙皇统治之下,施行有系统的俄化政策。禁止属地人民公共集会,及发刊出版物。惩罚希腊教以外的教徒,苛刻地干涉波兰的天主教徒及波罗的海沿岸诸省的路德派教徒。波兰政府机关不许波兰人参加;中等学校强迫教授俄文;波兰人不能以其土地出卖于非俄人。禁止小俄罗斯文学的著作出版。与天主教徒结合者的婚姻子女,俄国政府都认为无效。

俄皇对于犹太人的压迫更甚。犹太人不能取得土地所有权,不能从事于自由职业,限制中学大学中犹太人的数目不得超过3％。至一八九〇年强迫犹太人居于一定区域之内。这都是使少数异族人民不安的。

欧战后俄国属民的解放 欧战方酣的时候,俄国革命发生,俄国根本没有能力控制它的属民了。所以于一九一七年十一月多数党获得政权后,即公布俄国人民有自决权。于是旧帝国完全瓦解,分为三部分:第一部分为波兰、芬兰及波罗的海沿岸的三国,这些都是为中产阶级所操纵的独立共和国。第二部分为苏俄本部,系八个自主的共和国和十个自治省分组织而成。这些共和国都有代表在莫斯科,隶属于民族部(Commissariat of Nationalities)。这些共和国的自治权虽有大小不同,但军事、外交和商务都是直接受莫斯科支配的。共和国中的九局如食粮局、劳工局、交通局、邮务局、电讯局等都受莫斯科各部的监督。各地可以通用方言文字,行政官吏多任用本地人。于是帝俄时代的俄化政策无形取消了。第三部分是八个与苏俄表同情的共和国:就是乌克兰、基发(Khiva)、布咯剌(Bokhara)、乔治亚(Georgia)、亚美尼亚(Armenia)、亚塞尔拜然（Azerbaijan）、白俄罗斯和远东共和国（The Far Eastern Republic）。在一九二〇年至一九二二年苏俄政府和这些共和国都缔结军事和经济的同盟。它们多有外交代表驻于莫斯科。它们采取了俄国的民刑法典。苏俄利用自主的政策，联络三十二个共和国，自治省和劳动公社。

匈奥帝国治下的民族问题 第三个民族复杂的国家是欧战以前的匈奥帝国。战前的扰乱和战后的分裂，都是因为民族复杂的关系。兹将其重要民族分述如下：

第一，奥地利人：所谓奥地利的日耳曼人还没有全帝国人口四分之一，多住于维也纳和提罗尔附近，及散居于波希米亚（Bohemia）和摩拉维亚（Moravia）等地。奥地利人普通是中等和上等阶级，是受过教育的分子，他们是全帝国的统治者。奥皇哈布斯堡（Habsburg）王族就是奥人，所以重要官吏都是奥人。在政府、在教会、在学校、在军队中，他们都最有势力。他们95%是天主教徒。

第二，匈牙利人：马扎儿人本来是亚洲民族，后西徙欧洲，占据多瑙河中游平原地方，以成今日的匈牙利人。他们的语言与欧洲的语言系——如拉丁语、日耳曼语和斯拉夫语——没有关系。他们大多数是为地主工作的农民。匈牙利的地主是很骄傲的，因为广有土地。马扎儿人一方面被奥人统治，但同时他们也统治匈牙利境内其他的弱小民族。

第三，捷克人：捷克人是斯拉夫民族，多居于波希米亚和摩拉维亚。他们早被日耳曼人征服。但因为该地工业发展，所以产生中产阶级；又因为时时和日耳曼人冲突，所以促成他们的民族自觉。他们拒绝使用日耳曼语言；无论在何时何地，他们总是用他们自己的语言文字。和捷克人有关的斯罗伐克人也在匈牙利统治之下，他们多是贫苦不识字的农民，所以远不如捷克人。

第四，波兰人与小俄罗斯人：波兰人和小俄罗斯人居于加里西亚(Galicia)。奥人对于波兰施用怀柔政策：给予他们自治权，允许他们在学校中使用本国语言文字。所以他们颇忠于奥国皇室，但他们恢复故国的心志，仍没有放弃。小俄罗斯人在种族上和语言上与俄国的乌克兰人有密切的关系。他们多是贫苦的农民，为波兰地主工作。

第五，南斯拉夫人：哥罗特人、塞尔维亚人、斯罗焚人都是属于南斯拉夫族，他们的种族和语言与塞尔维亚和蒙特尼格罗相同；居于底拉维河(Drave River)以南。他们多是农人和牧人，文化落后。

第六，罗马尼亚人：居于德兰斯斐尼亚(Transylvania)和巴纳特(Banat)的人是罗马尼亚人，他们多是匈牙利贵族的农场上的农民。

第七，意大利人：亚得里亚海东岸诸城市中，意大利人最多，尤其是的里雅斯得（Trieste）和阜姆两个海口，和阿尔卑斯山中的特棱提诺（Trentino）。意大利的复土运动者，都主张这些土地是属于意大利的；奥国不肯放弃，成为意奥两国仇视的焦点。

奥国治下的民族运动 在奥国统治下的民族，都有脱离奥国羁绊的意志。运动最力的是匈牙利人。他们强悍不服。一八四八年三月，匈牙利在爱国志士噶苏士（Kossuth）指导之下，通过著名的《三月法律》，制定宪法。宪法规定自治政府，保障人民出版、言论、宗教等自由。他们有自己的国旗和税制，甚至可以管理自己的外交。于是匈牙利和奥地利的关系只有共同的国王相连系了。

同时波希米亚的斯拉夫民族都联合起来，反对日耳曼民族。但后来因为革命党派的分歧，奥国利用武力先后将革命势力铲除，废除《三月法律》，于是匈牙利人和斯拉夫人还是隶属于奥国统治之下。

一八六六年普奥战争的结果，使奥国觉悟，对于属民不能抑压过甚，所以一八六七年颁布匈牙利宪法，使他们有独立的国会。上院多是世袭的贵族，下院选举资格限制很严，只有三分之一的男子有选举权。匈牙利已得着自由，能使一部分的人认为满意；但仍有一部分的人以非达到完全独立的目的不休。

此外波兰人、斯拉夫人和捷克人都是想要求独立的,但现在奥国武力统治之下没有办法罢。

匈奥治下民族的解放 匈奥治下民族的解放,直到欧战后才达到目的。威尔逊总统喊出"民族自决"的口号来以后,于是弱小民族同时并起,硕大无朋的帝国就因之土崩瓦解了。一九二〇年奥国本身成为一个联邦共和国,同时波兰、匈牙利、捷克斯拉夫都完全独立,塞尔维亚人、克罗特人和斯罗焚人都联合起来成为南斯拉夫王国。于是匈奥帝国统治下的民族独立运动大体上可说告一段落了。

第二项 资本主义的影响

资本主义是帝国主义的基础 自机械发明以后,实业的发展,一日千里,遂促进资本的集中。资本和生产集中的结果,实业界自由竞争,乃一转而趋于独占;独占产生之后,遂促进银行资本和工业资本的融合而成为金融资本;金融资本成立,则各国资本家及资本主义的强国,即利用之以实行其宰割天下、分裂河山的侵略政策;于是资本主义的发展遂转入于帝国主义的阶段。故资本主义实为帝国主义的基础。

帝国主义侵略的原因 现在世界上受帝国主义蹂躏的国家民

族,也不知多少？我们中国亦是这种不幸者中重要的一分子。不过我们要研究,帝国主义为什么侵略弱小民族呢？这不是一个简单之原因。总括说来,帝国主义侵略弱小民族,实有以下几个动机。

一、争夺市场,输出过剩商品：自机器发明后,出产大量增加,而一般生产者的目的不在本人的消费,而在出售以获得利润。国内人民的购买力有限,故不能不向海外寻找市场。强国有关税壁垒为之保障,于是弱小民族便成为它们争夺的场所。例如日本的纺织工业的出产多半推销于中国,它的工业粗制品多半推销于台湾、朝鲜;法国大宗的棉织物、金属器具、摩托车等,靠阿尔及利亚(Algeria)和其他北非地方购买,大宗的糖靠摩洛哥消费。英国的纺织品大部分是向印度推销,毛织物向中国推销,钢铁和机器也靠经济落后的国家来消买。所以帝国主义若不紧紧地拿着市场,则必不能维持本国内的工业。

二、争夺原料,以维持国内工业：我们知道工业国的天富是有限的;为维持国内工业的发达起见,不能不向经济落后的国寻找原料的供给。例如英国纺织工业的原料(棉花),大部分取自印度和埃及;英国毛织工业的原料(羊毛)多半取给于澳洲和新西兰等地;英国橡皮工业的原料,完全靠马来半岛的供给。日本的铁,则多靠中国的供给,棉花多靠中国和朝鲜的供给,安南的树胶、摩洛哥的农产物,是法国工业的主要原料。美国的工业原料比较丰富,但橡皮工业的原料三分之二,是取给于菲律宾的;糖是取给于古巴、夏威夷、菲律宾等地的。

三、争夺投资地,输出过剩资本:资本主义发达的结果,产生金融资本;换句话说,就是银行资本侵入实业界,以货币的形态去支配实业界,统制实业界的一切。但资本集中的结果使人民日趋贫穷,直接使国内市场萧条,间接使国内实业的利润率日益降低。资本阶级既不能在国内投资,所以不能不在海外设法,于是弱小民族又变为它们剥削的对象了。例如法国一九二六年在殖民投资总额达七十万万佛郎,占对外投资总额的80%以上。一九二七年美国在亚洲和澳洲方面的投资总额为九亿五十万元,在南美中美诸弱小民族的投资总额达四十九亿一千七百万元。日本的海外投资额,在一九二七年来,共计不过二十二亿元,而投在中国之数竟达十八亿元,几占全数90%。英国一九二六年对东亚南洋投资的总额不过七亿金镑,而投在中国者,竟达三亿镑。由此可见资本对于弱小民族的国家中之经济的活动了。①

帝国主义侵略的方式　帝国主义既需要海外广大的市场,投资地和原料供给地,所以不得不侵略弱小民族。它侵略的方式可

---

① 此三原因仅就经济方面说,此外尚有军事地位、人口过剩等原因。

分政治的、经济的和文化的三方面说明。

一、政治侵略：帝国主义利用政治和军事的力量，压迫弱小民族，有下列各种方式。

（甲）设立公共殖民地：各帝国主义对于某种民族，因为种种关系不能瓜分，又不能为一国并吞，于是在各国妥协之下，维持该国的独立；实际上该国已变为各国共有的殖民地。维新前的日本，革命前的土耳其，现在的中国是。

（乙）划分势力范围：各帝国主义为避免相互竞争和冲突起见，将弱小民族的土地分为若干区域，各国在某区域内可尽力侵略，大战前英俄之在伊兰，十九世纪末叶以来英日法等国之在中国是。

（丙）设立保护国：帝国主义对于某种民族本可合并，但因为避免引起该国的反感起见，还保存其国家内部的体制，不过外交、财政、军事等项受其监督。如英国之马来联邦，法国之摩洛哥是。

（丁）建设殖民地：帝国主义者以武力占据或分割弱小民族的领土，而建立完全的殖民地。帝国主义者于该地设立官厅，驻屯军队，以维持其统治的势力。如英国之占印度，日本之据台湾和朝鲜是。

二、经济侵略：政治侵略的结果，往往引起反感，帝国主义者未必有多大利益。于是聪明的帝国主义者利用经济侵略的方式。

（甲）高利率的投资或借款：例如各国在中国大批的放款。

（乙）制造品与原料不等价的交换：帝国主义国家常常利用关税或租税政策，用极低廉的价格，输出原料于本国；再由本国制成工业品之后，用高价输入殖民地。

（丙）榨取低廉劳力：如各帝国主义者在中国境内建立各种工厂，或在亚非等地贩运奴隶在垦植场工作是。

（丁）租税剥削：帝国主义者对于殖民地常取重税政策，一方面可以增加母国的收入，一方面可以使殖民地人民无产化，而得廉价的劳动力。

（戊）直接掠夺：有时直接向弱小民族夺取土地，分配给本国农民。如果帝国主义者以所统治的殖民地，在气候上，尚适于他们移民。

三、文化侵略：

（甲）同化政策：帝国主义者对于弱小民族施行同化政策，例如禁止弱小民族使用他们固有的语言文字，而强之学习帝国主义者的语言文字。

（乙）愚民政策：帝国主义者最好利用弱小民族保守的特性，故对于所统治的人民的教育，极不注意，并不愿其与外界相接触。

（丙）麻醉政策：帝国主义者又常利用宗教和慈善事业，以麻醉弱小民族。

（丁）堕落政策：例如鸦片、梅毒、海洛因等毒物尽力向弱小民族输送，帝国主义者的政府并加以奖励是。

弱小民族的奋斗与帝国主义的挣扎　天下事，总是物极必反，压迫愈大，反抗亦必随之而起。在帝国主义铁蹄下的弱小民族，政治上被压迫，经济上受榨取，真是痛苦切身。他们处于这种情形之下，自然不得不死里求生，挺身而斗了。所以弱小民族自决运动，也随帝国主义的压迫而一天激烈一天。

欧战以后，各弱小民族的自决运动，如迅雷怒潮一样的起来。虽然，帝国主义对于弱小民族自决运动之压迫，是非常残酷的；拘捕、拷打、杀戮种种惨不忍言的事实都做得出来，但是这样的举动，不过更促起他们的奋斗罢了！我们相信，总有一天他们会达到他们的目的，得到自由和独立的。土耳其波兰等国的独立不是终久实现了么？帝国主义的崩溃总不过是迟早的问题罢！

第三项　社会主义的影响

社会主义之由来　资本主义发达的结果，使资本集中，广大的劳动者零卖劳力，变为除两手以外一无所有的阶级。资本家的生产目的不在自己或自己团体的使用,而在制造商品出卖以获得利润。购买者久经剥削,购买能力降低,于是商品停滞,造成经济恐慌。所以世界分成两大壁垒:一面是商品过多,无处推销的资本阶级;一面是不免饥饿而无钱购商品的劳动阶级。这种现象在十九世纪的后期已经显著,所以工业先进国家的急进分子主张劳动阶级自动组织起来,与资方对峙。社会主义就是在这种环境之下产生的。

第三国际对于"民族自决"的主张　一九一三年俄国社会民主劳动党干部会议时,党中领袖对于民族问题即提出一个"民族自决"的提案,主张:"任何民族均有自由脱离本国,并随意建设独立国家之权利。"一九一七年十月革命以后,共产党夺取政权的第二天便发表了一篇有名的"民族自决"宣言。总括其大意,可分下列三点:

一、承认各民族均有自决权,可随意从俄国分离,建设独立自主的国家。

二、承认全世界各民族一律平等,愿意撤废秘密的外交手段,公开地与一切民族进行平等的谈判。

三、援助被压迫民族,如波斯人、土耳其人、阿剌伯人、印度人和中国人,反抗帝国主义的掠夺。

各国民族运动与第三国际的关系　各国民族运动因势力单

薄,尚不足以完全推翻帝国主义,于是民族自决运动的急进分子进而与第三国际连络;并且各国民族运动的下层基础总是劳动阶级,因为资本阶级已与帝国主义勾结,以图私利,只有劳工是无国界的,所以尤易与第三国际接近。而第三国际也以世界革命相号召,以便促成其全世界实行共产制之企图,所以也愿意援助弱小民族。不过第三国际在各国的煽动都归失败。

第二节 民族自决运动之理由

从伦理上的观察 亚里士多德以为奴隶与自由人的区别是天生成的;欲废除奴制的,便是违反自然。现在大约没有人抱这种见解了。盖人类容有贫富贤愚的不齐——但是这种不齐大半是出于环境的影响,而且他们的生存权(right to exist)都是彼此一样的。历史上多少血战的目的都是求得个人自由发展的权利。个人如此,民族亦然。一个民族总是希望能自治,而不希望被人家统治的;所以被治于他人的善良政府之下,总不如自治的不好政府。一个民族情愿由错试法(try and error)得着经验,而不愿盲目地跟着他人瞎跑。我们以不平等的事虐待他人,谓之不仁;难道以一民族压迫他民族,使之不能有充分发展的机会,在道德上不可谓之残酷吗?我们以暴力强制个人意旨,谓之强奸;难道以军火炮舰钳制千万人的耳目,不是横行吗?所以从伦理上的观察,民族自决运动有充分的理由。

从国际公法上的观察 国际公法,因为缺乏强制执行的机关和力量,只能当作国际的舆论;同时各国对于国际公法的解释和应用,只顾到本国的利益,各自不同。在欧战方酣的时候,美国质问协约国战争的目的,它们回答说,它们战争的目的是在求得民族的独立:比利时、塞尔维亚和门第内哥罗的恢复;意大利、斯拉夫和罗马尼亚的解放;以及自波兰、捷克斯拉夫的自主。一九一八年二月美总统威尔逊向大会宣称:"人民和省份是不能像动产似地任意移转的;……只有得到本人的同意,则一种人民可以被他种人民支配和管理。所谓'自决'并不是一种空话,而实是一种政治家所非遵守不可的作事的原则。"德国政府对于《凡尔塞条约》有下列的声明:凡形成德国的主要领土和尚未得有当地居民之同意的领土,一概不得与德国分离。俄国于一九一七年也下令承认民族自决的大原则。俄国与爱沙尼亚(一九二〇年二月)和乌克兰(一九二一年三月)所订的条约都是以此原则为根据。由上列诸例看来,民族自决的原则在国际法上已经公认了。

民族自决的原则，也和国际法上其他问题一样，各国有不同的解释。当威尔逊总统把这原则提出来的时候，他的原意是以此为解决一切问题的基础。但和会开幕后，各国只看见自己的利害关系。法国想利用民族自决的实行来分散它的敌人——德国和匈奥——的势力；但德奥想联合的时候，它就不允许了；亚尔萨斯和洛林也不待举行民众投票，即行合并了。英国在战事未结束以前，当然赞成民族自决；一方面可以分散敌人的势力，一方面可以怀柔它统治下的属民，使之不要生事，战事结束后，它就有点不同了。假若爱尔兰、阿剌伯和印度都独立，不是英帝国本身的存在就会发生问题了吗？所以英国所给予其属民的自决权，止于"自治"而已。它充分地给予属地以自治的权限，使之为满意的顺民，而维持帝国的存在。意大利则根本对于民族自决的原则不能采取；否则它在和会上所要求的土地就没有根据了。例如它所要求的提罗尔多为奥人，操德语；它所要求的多第堪尼西，诸岛语言种族皆同于希腊；它所要求的达尔马提亚沿岸地（Dalmatian Coast）则系斯拉夫民族所居之地。所以意大利想扩大自己的版图，不能不放弃徒有虚名的民族自决原则。

民族分歧是世界进步的先决条件　各民族的天赋智慧各有不同；若让各民族自由地尽量发展它之所长，于世界人类的进步，必有莫大的补助。若许多小民族都隶属于一个大民族之下，一切事务都图统一,于是文化流于呆板迟滞。例如学术昌明的战国时代,一旦入秦,书同文,车同轨,就死气沉沉了。光明灿烂的希腊,是在诸城国对峙的时候,而不是在亚历山大统一世界的时候。光芒万丈的文艺复兴,也是起于四分五裂的意大利。所以竞争是进步的要件。

民族自决足以促进世界和平 民族不能自决,是世界和平破坏的主要原因。我们不必远引古代历史为例,只要随手检阅近百年来的历史,可以说没有一次战争不是和民族自决有关系的。拿破仑因盗民族自决的美名,其兴勃然;因鱼肉弱小民族,其亡忽然。所以一八一四年的战争,叫作民族战争,叫作解放战争。维也纳会议,各国互相交换土地人民,如私人之交换财产,完全不顾到人民的利益和意志,所以不到十五年工夫就发生比利时的革命。一八七一年德夺亚尔萨斯-洛林两州之地于法,也没有得两地的同意的;所以有一九一四年世界大战的爆发。从此看来,民族不能自决总是世界战争的原因。欲维持世界和平,必先保障民族间的平等。

民族自决与世界主义 现在为一般人所喜谈的,是世界主义。根据过去的历史,推测将来,世界国家在将来未始不能实现,因为由个人而部落,而国际联盟,其进步的阶段是显而易见的。但世界国家(World State)的成立,必以民族自决的原则为先决条件。假如牺牲多数民族的利益,而造成少数强有力的民族的利益,如今日之国联,则我们又何贵乎有这种世界国家呢?民族间的待遇不平等,造成战争的机会,不但为世界国家发展的障碍,反足使已成立了的帝国土崩瓦解;近世史上的土耳其帝国、匈奥帝国不是很显明的例吗?现在最大的帝国是大不列颠帝国,有"英国无落日"的夸言,所以有人主张将来的世界国家的成立,或可以说英语的民族为基础。但我们可以说,大不列颠帝国之所以存至现在,由于它的附属民族有广大的自治权;将来它的崩溃,必由于它的附属民族自决,要求自主。何以言之?英国对于北美十三州施行高压政策,所以引起北美的独立战争,英美间的仇视,迄今犹留痕迹。英国从这次得到教训,它对殖民地就宽柔多了。允许加拿大人民信仰旧教,保守固有习惯;允许爱尔兰有独立的国会。现在帝国下的自治区,几乎与独立国家无异。它们有自己的国会,有自己的驻外公使。所以自治区和母国间的龃龉很少。反之,爱尔兰和印度屡求自治而不可得,使一般较为激烈者愤于自治之无望,乃作强有力的独立运动。欧战的时候,英国想要爱尔兰和印度的帮助,不惜许以种种权利,不意英国后来,竟食言而肥,致使他们大失所望,假如下次再有战事发生的时候,他们恐怕没有这样的容易欺骗了。所以我说,不列颠的成功,在于民族自治;它的失败,在于民族要求自主。由不列颠帝国,我们可以推测将来世界国家的大概。世界国家如有成功希望的话,则必由平等的民族自由联合起来,各自秉着它们的特长,努力发展,以增进人类的幸福。忽略民族自决的原则,而妄想世界国家,只能促进民族间循环的仇杀而已![1]

---

[1] 参阅孙中山先生《民族主义》第四讲。

第五章　民族自决的方式

第一节　民众投票[①]

第一项　民众投票的历史

民众投票的意思　民众投票(plebiscite)的字面意义就是人民对于某一问题的复决权的行使而已;议案之通过与否,完全依人民的意志而决定。但依此种解释,民众投票的含义甚为广泛。现在通行的意义专指人民对于主权变动问题的复决而言,其意义比较确切。现在我们所用的"民众投票"一名词,就是指后者而言。

民众投票的根据和起源　民众投票的理论上根据是由民权学

---

① 参看 Buell, *International Relations*, pp.36—44。

说（theory of popular sovereignty）伸引而出的。社会的成立由于统治阶级与被治阶级间的默约，但统治者必依照被治者的意志而行动；否则被治者可以推翻他们，另立领袖。所以关于重大事件，如国体问题、归属他国问题等，不能不得被治者的同意。否则虽能以武力征服全国，也不过是僭君暴主，人民仍然是不服的。

民众表决的实行，始于法国革命。当时，法国内倡民族自主的学说，不外欲隐藏其侵略的野心，所以主张民众表决，以确定民族意旨的背向。一七九○至一七九三年，教皇区、萨伏依、尼斯等地都在法军占领之下，举行民众投票；凡年二十一岁以上及捐纳人头税或发公民誓愿（Civic oath）者即有选举权。依照他们的报告，这些地方都愿意和法国合并。

一八四八年革命后民众投票的应用　维也纳会议后，整个欧洲处于反动势力高压政策之下，人民意旨绝没有人尊重，所以民众投票的事，从没有人提起。一八四八年革命风潮又高涨起来。是年龙巴第、威尼西亚、巴玛等地都举行民众投票，赞成与撒丁尼亚合并；于是撒丁尼亚国会宣布，这些地方的民族自决，自动地愿意与撒丁尼亚合并了。但意大利实际并吞龙巴第，至一八五九年才实现。一八六○年意大利并吞西西里（Sicily）、那不勒斯（Naples）和安布立亚（Umbria）等地；一八七○年并吞罗马，也都曾经过民众投票的手续的。

法皇拿破仑第三政变后，也利用民众投票的手续，允许他改变政体。一八六〇年并吞萨伏依和尼斯两州之地，虽然他和意大利有预约在先，但他还用民众投票的方式，以掩饰他侵略的野心。

德国君主素来是反对民权学说的；所以他们不主张由人民的意旨决定政体或归属的问题。例如一八六六年德奥的《布拉格条约》第五条规定：依人民自由表决之后，如什勒斯威北部人民情愿与丹麦合并，则德国将该地的人民与丹麦。但一八六七年它并吞了什勒斯威时，并没有得到该地人民的同意，四年后，它又并吞了亚尔萨斯-洛林两省，也没有得到两省人民的同意的。

德国这种行为，使帝国主义者的火焰升高千丈。柏林会议中几个巨头把土地人民当作货物财产一样自由分配。他们没有人注意到民族自决的主张。直到欧战后的巴黎和会中，列强才把民族自决问题当做主要的问题讨论。

巴黎和会后民众投票的新发展 到巴黎和会时，国际间才确定民族自决的原则，一方面纠正往日民众投票的弊端，一方面推广民众投票的应用。自欧战后所订条约中，定有应举行民众投票的规定者，计有九处之多。今举于下：

（一）丹麦和德国所争执的什列斯威：此地分为南北两区。北区于一九二〇年二月十日举行民众投票，其票数以全区总数计算，多数袒护丹麦。南部于三月十四日举行,票数以自治区域(Commune)为计算的单位,多数赞成仍归德国。

(二)波兰和德国所争执的阿伦斯坦因(Allenstein)和马里维德(Marienwerder):两地于一九二〇年七月举行,票数以地方自治区域计算;几乎每个自治区域都赞成仍归德国,不过该地疆界稍有变动而已。

(三)奥国和南斯拉夫所争执的克兰根佛尔特(Klagenfurt):此地十月十日举行民众投票的结果,仍归奥国。

(四)波兰和德国所争执的上西利西亚(Upper Silesia):此地的民众投票于一九二一年三月二日举行,结果德国得投票总数的百分之59.6%;同时所得的自治区域以844对于678占优胜。依条约上的规定,这次投票应以自治区域为标准的,但诸自治区域的疆土都是彼此犬牙相错杂的,两国的界线,不易划分。同时因为种种政治上和经济上的关系,国联使波兰和德国各得该土地的一部分。

(五)奥国和匈牙利所争执的堡根兰(Burgenland):此地民众投票于一九二一年十二月十四日到十六日举行,结果该地仍归匈牙利所有。

(六)比利时和德国所争执的欧本(Eupen)和马尔马得(Malmedy):这两地民众投票于一九二〇年举行,人民多数赞成与比利时合并。

（七）德国和法国所争执的萨尔（Saar）——萨尔已于前年（一九三五）一月十三日举行民众表决；结果，91%赞成与德合并。三月一日德国实行接收萨尔。于是德法冲突的区域又减少一个了。

民众投票的种类 依照法律上的根据，民众投票可分为两种：一种是非正式的，是单方的；例如法国革命和一八四八年至一八七〇年间意大利的民众投票都是在法国或意大利一方面的人操纵之下举行的。一种是正式的，是得有利害关系的双方的同意的；例如一八六七年《哥布罕根条约》规定丹麦割圣汤姆士（St. Thomas）岛与圣约翰（St. John）岛于美国，一八七七年瑞典割圣巴托罗缪（St. Bartholomew）岛于法国：都是有利害关系的国家签字，赞成举行民众投票，以为该地割让之最后决定。

欧战以前的民众投票与战后的民众投票的不同 欧战以前的民众投票和欧战以后的民众投票显然不同：第一，在效果上，欧战以前的民众表决是被用以为合并小国，成为大国的工具，如意大利诸邦之团结为近代意大利王国；欧战后的民众投票是用以为分裂大国的工具。第二，战前的民众投票的目的，在解决整个区域的主权的隶属问题，如萨伏依和尼斯人民投票结果赞成与法合并，则二省整个的土地与法国合并，不容分割的；战后的投票，以自治区域为单位，而不是以整个土地计算的，所以上西利西亚的土地分割为二区，一区归德，一区归波兰。第三，战前的投票多是一国操纵的；战后的投票多是有利害关系的国家同意的。第四，战前投票制度，究系供人利用以为遮饰侵略的工具，所以弊端百出；战后对于各种弊端防范较为周密，将于下节讨论之。

第二项　民众表决的弊端

欺诈　在理论上，民众表决的人民表示意旨的最可靠的方法；但在巴黎和会以前民众表决，因为防制不周到的原故，所以弊端百出。第一个弊端就是欺诈。有些题签假姓名而投票的，有一人投许多票数的。例如一八七〇年罗马民众投票，有一人而投了三十几张票的。有些临时移民于争执的区域，以增加赞助本国的票数的。

占领国的军队和官吏从中操纵　第二个弊端就是占领国的军队可以威迫利诱，从中操纵。法国革命时代和一八四八至一八七〇年间意大利的民众投票都是在法国或意国军队占领之下举行的。当然，法国和意国的军队和官吏可以强迫人民投赞成法国与意合并的票。这种民众投票无异于武力并吞。又例如德国和比利时争执的欧本和马尔马得两地，依照《凡尔赛条约》的规定，应由该地民众投票决定。是时两地在比军占领之下；凡反对比利时主权者，仅能在比军监视之下公开地签名于登记簿上，所以人口63,000 中仅有 271 人有投票的胆量。当时德国提出严重的抗议，但国联行政院以无确证为理由，置之不理。一九二〇年九月间正式以此两地给予比利时了。

宣传及其他种种压力　第三个弊端就利用宣传或其他种种利诱手段，以摇动人民的心志；有些人民贪图一时的小小便利，忘却后日的隐忧，竟投对方的票了。例如德国和丹麦争执的什列斯威举行民众投票的时候，丹麦人曾以牛油、猪肉、茶和咖啡，送给当地的人民，而不要他们的钱。同时丹麦又将该地害病的德国儿童接到丹麦去游玩一星期。但投票之事完了之后，这种慈善事业就中止了。在奥国和南斯拉夫争执的克兰根佛尔特举行民众投票的时候，南斯拉夫人利用奥国的灾荒，也以牛奶和鸡蛋分给该地的奥籍民，因以获得他们的好情，可于投票时致胜。这些利诱的手段都足以使民众投票不能真正表示民众的意旨。

经济原因　第四个弊端即为恐人民为一时经济的关系，放弃整个民族的主张，使日后追悔莫及。例如货币一时的跌落，可以影响投票者的心理。又例如奥国与南斯拉夫争的克兰根佛尔特地方的人民，88% 是属于斯拉夫族的斯罗焚人；但投票结果，竟有 60%

赞成仍属奥国。可见经济原因对于民众投票影响之大。

增加民族间的恶感 第五个弊端是民众投票前的宣传足以扩大民族间的凤怨。例如波兰和立陶宛争执的维尔那(Vilna)本来应当举行民众投票的,后来因为有激起双方恶感之趋势,故作罢论。民众投票的目的本在解决民族间的纠纷,今反促成民族间的纠纷了。一九一九年九月间波兰和捷克斯拉夫所争执的特申(Teschen)本来也要举行民众投票的,后来因为恐怕更增加两国的恶感,所以也作罢论了。

第三项　防止弊端的方法

秘密投票 民众投票的弊端既如上述,则如何防止弊端是我们所应详加研究的。这些防止弊端的方法到巴黎和会以后的民众投票才比较周密。第一,就是秘密投票制的采取。在投票的时候若公开投票法,则他人可用威迫利诱的方法强制投票者写上他所不主张的意见。用秘密投票制,则投票者的意见如何,除他自己外,没有人知道。

国际委员的监督 第二,就是国际委员的监督和利用中立国军队维持秩序,以免占领该地的军队和官吏的干涉。依照《凡尔赛条约》的规定,有关系的国家的军队须退去举行民众投票的领土,将该地置于国际委员会管理之下。国际委员平时由五人组织而成。该会为保障投票之自由、公平和秘密起见,可以采取任何手段。于必要时,还可以派遣中立国的军队驻扎该地,维持秩序。例如萨尔民众投票时,国联行政院派遣英、意、荷、瑞典四国的军队于一九三四年年底开往萨尔区域。

投票资格的限制 第三,巴黎和会以后,关于投票者的资格有详密的限制和登记,以免一人投数票,或临时移民的弊端。投票者须为成年之人(法国革命时,亚威农[Avignon]等地的民众投票者须年在二十五岁以上,萨伏依和尼斯等地投票者年须在二十一岁以上,巴黎和会规定二十岁以上),投票者在法律必为有行为能力的人:患精神病者,或其他不能自由表示意旨者,没有投票权;犯罪或褫夺公权者也没有投票权。至于识字与否,尚不为必要条件之下。有时规定投票者必生于举行投票之地,或在某年以前即居于该地——在什列斯威为一九〇〇年,在上西利西亚为一九一九年。所以生于上西利西亚而居于美国的波兰人和德国人可以回去投票。据一般人估计,德国人中为了这个目的而回归上西利西亚的约190,000人;为这个目的回什列斯威的约8000人,至于十五年后始举行投票的萨尔,则只有在这个时期开始计算时居于该地者,才有投票权。为预防投票者发生纠纷计,有时事先举行登记,以确定投票者的资格,例如萨尔早于一九二〇年和一九二三年就举行了投票者的登记。

以地方自治区域为投票标准　第四,巴黎和会规定以地方自治区域为投票标准,而不是如从前一样以整个区域(district as a whole)为标准;因为以整个区域为投票标准,则整个区域内的少数民族的意旨就会被牺牲掉了。今以地方自治为投票的标准,则不但少数民族的意旨可以达到目的,并且经济上的联络也不致割断。例如上西利西亚一区投票总数中,有 707,000 张,是祖德的,479,000 张是祖波兰的。但在南部和中部是波兰人占多数,在北部和西部德人占多数,为 341,000 票对 90,000 票之比。在工业区域,德人得 258,000 票;波兰人得 205,000 票。后来国联行政院议决,此工业区应划分为二。波德各得一部分。一方面要使每国所得人数和祖护它的票数大致不差;他方面要尽力减少少数民族,或使之平均。分划此种界线时,一方面固然要顾到人民的意旨,他方面也要顾到该地的地理和经济情形。虽然,国联这种处置有许多人批评,但波兰人和德人在经济上的合作,一如欧战以前。

第二节　少数民族的交换

民众投票的方法是土地和人民的主权同时改变，例如萨尔人民投票的结果，即以萨尔地方仍旧归还于德。但有时候争执的国家的一造不愿意放弃该地，但他造也没有力量获得该地；两造人民杂居该地，时时发生冲突，于行政上两方都感觉不便，于是最好的办法是利用外交的手续，两方将少数民族对换，于双方都有利益。例如希腊人和土耳其人在彼此地方杂居，于一九一四年经两国政府交涉同意，将这些少数民族对换。两国政府先组织一个混合委员会，除缔约国派人参加外，并另请几个中立国的委员来监督。同时又规定财产的保障方法。惜因欧战爆发，未能实行。欧战以后，至一九二三后，希腊和土耳其又订条约，除居于君士坦丁堡（Constantinople）的希腊人和居于色雷斯（Thrace）的回教徒外，其余一切居于对方的少数民族，都要强迫迁居于本国领土之内。执行此事的是一个混合委员会，由希腊派四人，土耳其派四人，国联派三人组织而成。双方人民的财产价额不相等时，由少方填补多方。如是则两国都可以减少国内民族的冲突,而完成民族的国家。一九二四年,土耳其不顾前约的规定,竟以武力驱逐居于君士坦丁堡的希腊人出境。

希布的交换人民 一九一九年希腊和布加利也举行一次小数民族的交换。混合委员由四人组织而成:希腊一人,布加利一人,其他两人则由国联指派。该委员会监督交换时移民的各种事务,并且负责清偿移民的财产。并且按照他们财产的价值提前预付款项,给予这些移居者。

第三节　人民统计

有时就问题发生的区域,调查其人民是属于何国,以解决其隶属问题。但何以确定该地人民是属于何国的呢?以血缘为标准吗?以身躯形态为标准吗?以风俗习惯为标准吗?这些都是很难以尺寸衡量的。通常是以语言为标准,一则言语系别比较具体,容易辨别;二则语言是表现思想的工具,语言相同的人民,他们的文化遗产和共同意识是使他们能团结一致的因素。所以该地说甲国语言的人民若占60%，则该地应归甲国所有。

但人民统计方法，也有不可靠的地方：第一，统计为政府所调查，其统计是否确实，颇有问题，所以调查的事应由无利害关系的国家组织国际委员会管理之。第二，语言不是国民性的精确标准。第三，有时该地人民虽明与甲国同文同种，但因为经济上或其他利益关系，而愿与乙国合并者；例如奥国和南斯拉夫所争的克拉艮和(Klagenfurt)的人民，据统计的报告，88%是斯罗焚人(斯拉夫种之别族)，似应与南斯拉夫合并；但民众投票的结果，他们仍愿归属于奥国，所以该地仍属奥国。

第四节　军事和政治的力量

和平方法的不可恃　上面说的几种方法都是和平方法：或者靠关系国的外交手续，或者靠国际联盟的协助。但这都不十分可靠：若向压迫民族请求解放被压迫的民族，那是与虎谋皮，因为它的利害关系所在，断不肯轻易允许的。例如印度的自治问题，只有连番屡四的被骗而已。一骗于欧战，二骗于圆桌会议。若向国联求援,则国联实在软弱得可怜,不能为弱小民族真正的保障。例如一九二〇年波兰和立陶宛的疆界纠纷,波军强占争执地带,国联亦莫可如何。一九三一年九月十八日吾国东北事变,国际联盟虽明知日本为侵略行为,也不能把它怎样办。最近意大利在阿比西尼亚的行为,而国联所讨论的,不是怎样制止意大利的侵略行为,而是怎样分配在非洲的势力。由此我们可以知道,向列强乞怜,向国联乞怜是没有用的。

军事和政治的力量是解决民族自决问题的最后方法 和平的方法既成绝路,于是军事和政治的力量是解决民族问题的最后方法了。例如荷兰、比利时、巴尔干诸国,南美诸国的独立,都是以长年血战换来,并非不劳而获的。

第六章　民族自决的限制

第一节　民族自决应否受限制

民族自决与国家分裂　依照字面的解释,民族自决主义是应当允许任何少数民族反抗一个多数民族的意志。推广范围而言,它当允许任何个人拒绝法律的执行。但是,如此说来,则一个真正民族和单纯的地域主义之界限,又从何而分？有些人说,民族自决主义,就是:卡达鲁尼亚(Catalonia)可离西班牙而独立;圣路易(Ile Saint-Louis)可离法国而独立;苏格兰威尔斯对英国而起革命;比利时可分而为二：一属华伦人(Walloons),一属佛来米明(Flemings);瑞士可分成三国;奥国的复拉尔堡(Vorarlberg),墨西哥的犹卡坦(Yucatan),在美国的德国人、挪威人和意大利人,以及在阿根廷的意大利区域,都可宣告独立。在这些所述地方的居民性格,都有许多和它们所属的国家的居民大不相同。如果它们都借着民族自决的原则而获得自由,则全世界势将巴尔干化了。

小民族国家增多的利弊 从社会的立场上说,多数小民族国家的创立,实有许多利益的,如在小共和国内,每个公民有较高的教育,他的知识比在大共和国家里还要充足。但是,就其他方面说来,小民族国家存在的弊害,也复不少。在小民族国家中,政治的派别比较多,而政争也比较利害;同时小民族和小民族之间的仇恨,则更是深重。勒格兰(Lord Raglan)说:"创立小国家,不过倍加政治的机关,徒费金钱,和牺牲效率而已。"小民族国家,往往不易获得诚实而有能的官吏。当一个大国分成五个小民族国家的时候,则必须有五个政府,以代替原来的一个政府。从前只须一个国王,或一个总统;到了这个时候,必须各有五个。现在欧洲的税关官吏,比大战前要多两倍;运输职员,多到十倍;而外交官则多到二十倍。巴黎会议的结果,欧洲的疆界,多到两倍以上。为了防御外患起见,军队军备便须增加。同时各民族中间的疆界纠纷,也因之增多。这种纠纷的起源,计有两种:一种是因民族利益的冲突而起的;另一种是因边界原则的冲突而起的。这种纠纷,常使人民发生极剧烈的恶感。但是,如果这些人民未曾被民族主义所麻醉,则他们也是可以相安无事的。因为新国家的增多的原故,经济问题也同样严重起来。在德俄和奥匈那些旧帝国中,每一个帝国的疆界内的币制,都是统一的,贸易都是自由安定和稳固的。大战之后,俄和奥匈两帝国分裂为许多民族国家,其中每一个都受经济民族主义学说的影响,而马上建筑很高的关税壁垒,使越境的贸易实际上成为不可能。现在铁道是分开为两段,大战前绝无所阻的运输,以此便陷于停顿。在牧场上榨取牛奶的农人,有时将牛奶带归谷仓的时候,须得缴纳一种进口税。商人为营业起见,须得用好几种不同的货币。贸易的进行,必须经过许多的手续。这些限制的结果,使匈牙利、奥大利和波希美亚间的贸易,由战前 300,000,000 金元,减到 16,000,000 金元。

在沿波罗的海滨新兴国家的关税,在旧俄帝国统治下,本来自由的贸易,现在也成为障碍了。一九二一年,希腊独立战争以后,土耳其便解除了它的条约束缚,而对于面粉和其他货物,征收 70% 和 100% 的关税。爱尔兰一旦达到自由邦的地位,便立即制定一种关税制度,结果,不但英国货品受其限制,即北爱尔兰的货品,也同受其影响。在疆域广大的美国和俄国,采用这种保护关税,或许受不到什么重大的损失,因为他们本国的富源,都是丰富的。但是,在人口极少的小国家,如果采用这种政策,其结果便无异于自杀。

民族自决应受限制 根据上面的叙述,小民族国家的增多,在实际上是弊多利少。在十九世纪的时候,民族自决是一种统一力;

它创立了许多各自为政的小邦联合起来,成为统一的民族国家。但是,二十世纪以来,它已变为一种分散力,所以如果把这个原则应用到一切事件上而不加以限制,则它对于世界的和平和民族本身的幸福,便将发生很严重的影响。①

第二节　民族自决之限制的原则

如前节所述,民族自决实有限制的必要。但是,要怎么限制,方为适当?关于这个问题的解决,则须遵守下列的几个原则:

一、民族自决须有民族意识。一个民族要求自决,便须有坚确明了的民族意识。没有这种意识,便不能认识自己民族固有精神的特点和固有文化的价值,而加以维持和发扬,同时且不感觉自己和民族的关系,而努力图谋民族的生存和发达。不知图谋民族的生存,则遇外族压迫的时候,就不会图谋团结而抵抗;不知维持民族的精神和文化,一旦为异族所吞并,便容易为异族所同化,而

---

① 欧战后欧洲各民族中间的疆界纠纷至少有三十件之多。见 Buell: *International Relations*, p. 51。

不能恢复民族独立。所以民族自决,必须以民族意识为界限。

二、民族自决须有自发的意志。一个民族的自决,须发动于自己的决心,成功又当在自己努力。虽然,有时为完成内部的种种设施,或抵抗外族的压迫,需要别民族的物质上和精神上的援助。但是,不应当因为受人家的援助而牺牲自己民族自决的意志。民族间的互助,应互相以被援助的民族为主体。如果要求独立的民族,是以别的民族为主体,这乃是国际的问题,而非民族自决的问题。譬如外蒙古的独立,西藏不即不离的状态,皆有外力主动其后,实无自发意志之可言,以此,它们的独立,都不能谓之民族自决。

三、民族自决须不侵犯他人的自决。民族自决,是实现民族平等的方法。但是,民族自决者须得同时主张不侵犯他民族的自决。如果没有这个原则的确立,则弱小民族等到能够解放和独立,又可以去压迫别的弱小民族,而再造成新的不平等。如日本维新以后,并吞朝鲜,那便造成反复寻仇,一再斗争,世界永久没有和平的一日了。

四、民族自决须有相当的实力。要求自决的民族,对内须有能力统治民众,对外须有实力以尽相当的国际义务。在欧洲新兴的小国中,多有政治经济军备等困难,但确被多数民族所压迫,则独立自治也颇适宜。如果仅为强权所利用,借此以分散他的敌人的势力,则其价值的微小,可想而知了。

综观上面所述的原则,我们可以知道没有民族意识,不能有民族自决;有民族意识,而没有自发的意志,则不能说是自决;即有自决之心,而没有对内对外的实力,或不以侵犯他民族的自决为界限,则又何贵乎自决?至如在同一民族国家里面,仅因政见的不同,或一二野心家的主动,忽竖独立的旗帜,这不过是内讧的现象罢了。

第三节　民族自决与自治训练

民族自决在国际公法上的限制　依照国际公法说来,对于一部分人民用全民票决,或其他方法来决定自己的政治命运,这种权利是否可以给与,完全在国家的主权范围之下。[1]但是,只要国家对于它的人民的一部分应否独立,仍有裁判之权,则它便很容易以它本来的利益为前提,而不予附庸民族以自决的权利。

---

[1]　"The Åland Question", *Report of the Committee of Jurists*, O. J., Oct., 1920, Special Supplement No. 3, p. 5.

帝国主义者侵略弱小民族的口实　世界大战和自决福音广播的结果,世界上有色民族比之前更加坚决地要求获得自由。如果这种福音对于欧洲的被压迫民族是有利的,为什么对于东方的被压迫民族便没有利益呢?但是,帝国主义者对于这种不平之鸣,往往利用"自治训练"以为口实。它们以为这些落后的民族,如果一旦获得独立自由,则无政府的纷乱状态立见,社会幸福便会因此而被遗弃。所以它们不取姑息的仁慈,必要养成落后民族的实力,而后才许它们自治或自决。

帝国主义者对于弱小民族"自治训练"的虚伪　上种议论,在表面看来,似乎极其正确,而考其实在,则是一种欺人之谈。现在试引用英美文豪学者的理论,以明其虚伪。

马可黎爵士(Lad Babington Macaulay, 1800—1859)在他的《密尔顿论》(*Essay on Milton*)中说:"今日有多数政治家都说,'无论那一种民族非到它能自动地充分行使其自由的时候,不能令其自由',实是最大的虚伪。古人有言'非熟习泅泳的人,断断不能令他入水',岂有是理?想奴隶恢复其自由,而竟使他不得不先安于奴隶,待有充分的才智始能脱离羁绊,那末,俟河之清,人寿几何?"[①]

[①] Macaulay, "Essay on Milton", *Edinburgh Review*, August 1825.

又摩黎(John Morley)在他的《葛兰德斯吞传》(*Biography of Gladstone*)中说:"葛兰德斯吞因英人对于新领殖民地自治案有所谓'准备'的粉饰语,常提出抗议,并说英国视殖民地如婴儿,初则衣以长衣,继而着人短服,使它们逐渐学步。其实经政府多年的专制,人民备受压迫,他们对于'自由的'设施,反觉生硬。以此要想使人民适应于自由,唯有先与他们以自由而已。"①

美国历史学者亚当士(Charles Francis Adams)于一九〇一年在美国史学协会演讲,曾这样说过:"自有历史以来,所谓劣等人种,以他们常在附属或保护地等状态之下,实不能发现他们有品性向上,足以自立而达到自治政治,或进到这种路程的例证。如是,即使对于同人种,或同种族的国家,如果降到藩属的关系,也常带有萎靡和卑下的影响,这是我可断言的。"

就以上的议论看来,以弱小民族置于附属的地位,而以为逐渐教它以自治,既有这种荒唐无稽之举,至于练习的迟迟不进,更又何待赘言。

历史上的实例 为充实上种议论的佐证,历史上可举之例很多。现在就我们所记忆的,略为一述。

大战结束的时候,波兰要求独立,当时战胜的国家,即予以允

---

① J. Morley, *Biography of Gladstone*, Vol. II, p. 360.

诺，其理由就是：因为这些国家未尝是波兰的支配者、榨取者和自治教育者的原故。是以战胜的国家对于波兰决不说它应在俄德奥之下，充分养成其独立的能力，使它们认为它可以独立的时候，方可独立。

捷克斯拉夫人民想获得自由与独立，不旋踵即达到目的。协约国对于这种民族，也未尝说它应由它的政治教师奥匈取得一种政治试验及格证书，以证明它的成绩，然后予以独立。

大战时期和大战之前，这种实例很多。假如说这种实例，只限于欧洲人，东方民族则作别论，则我们又可将关于东方民族的情形，略为一述。

土耳其未经外国教师或专制苏丹一日的教授，而竟能造成强有力且进步的政府。土国人民被强邻束缚手足，焦躁愤懑已久，但终能将这束缚摆脱无遗，到了现在它们已向其远大的前途长足迈进；唯土耳其力图独立，方能有这样的结果。至于土耳其人的天质，未必胜过其他东方弱小民族，那末，土耳其所能做的，其他被压迫民族又何常不可做？

暹罗民族，久困于暴力压迫之下，它的岁入复被外国榨取和分夺，何常有人教它自治？但近来它已进到独立国的阶段，在它自己的政府之下，按步前进。现在它的铁道哩数和输出入额，按之人口比例，已远胜英属印度，其就学儿童的数率，也比印度多三倍。

总而言之,所谓"自治训练"者,是帝国主义者侵略弱小民族开发殖民地的口实,自欺欺人,谁能相信?

第四节　民族自决的限制与国际联盟

国际联盟承认民族自决的限制　关于民族自决的限制,国际联盟现已承认了。按照现存的盟约,国际联盟对于一个国家之内的某一块领土,应否独立,某一块领土应否割归某国,不论当地居民是否有这样的要求,都无权过问。但是,同时国际联盟对于各民族关于自决权的纠纷,都有调解之权。亚兰特问题,便是例证。

亚兰特问题　亚兰特群岛(The Islands of Åland)在瑞典芬兰中间的波多里亚(Bothnia)湾口,原属瑞典。一八〇九年拿破仑战役的时候,俄国夺为己有。后来英法两国想削减俄国在波罗的海的势力,于是在一八五六年三月三十日《巴黎条约》成立的时候,又和俄国订立协约,以亚兰特为中立地;并在《巴黎条约》第三十三条,规定那个协约为本条约的附件,和本条约有同等的效力。俄国革命之后,芬兰高唱民族自决主义,一九一七年十二月脱离俄国宣告独立，亚兰特便划入芬兰的版图。当时多数岛民，也本民族自决主义，要求归属于瑞典。一九一八年一月岛民派代表往瑞典陈述这种希望。瑞典政府见时机已到，一面请协约国的谅解，他方面对于芬兰政府，请其容纳岛民的要求。但是，芬兰拒绝这种要求。于是问题遂移于巴黎和会，而又无彻底的解决。一九二〇年春，芬兰瑞典间的感情，日趋恶劣，战争的危机，迫在眉睫。于是英政府遂出而斡旋，并根据《盟约》第十一条，请求联盟理事会处理。

理事会接到这个提议后，即开始集会，并邀芬兰代表列席（当时芬兰尚未加入联盟），芬兰代表既被邀请，立即出席与议。极力声言这种事件系芬兰国内的问题，国联无权过问。理事会见芬兰态度强硬，特聘法律专家讨论。后来法律专家宣称：当亚兰特图谋独立的时候，芬兰并没有完全独立的主权，所以亚芬间的争执，不能作为国内的问题，应视为国际的问题。理事会遂根据这个建议，派了一个报告委员来会拟定办法。后来报告委员在他们所作的报告当中说："如果因少数或某一部分人民的意志，而允许他们自由退出他们所属的社会，则国内的秩序安宁即将不保，国际生活也就会陷入于无政府状态；这是与国家领土完整和政府统一是不相容的。"在委员会的意见，以为一个少数民族与它所属的国家分离，只能在那个国家缺乏意志或权力以保护它的时候，而不得已采用的最后解决法。但是芬兰对于亚兰特居民的统治并没有过失，如果承认亚兰特人的要求为正当的，则会使芬兰人和住在芬兰本部的 350,000 瑞典人发生敌意。这样不仅不能解决因这问题而起的恶感，反而增加了他们的恶感。因此后来理事会的决定，仍以亚兰特隶属芬兰，不过芬兰政府对亚兰特不得施以武装，对于当地的习惯应予尊重，对亚兰特人受瑞典文字的教育，不得加以干涉。

从上面所举之例看来，我们可以知道国际联盟虽不能依照民族自决的原则转让领土，但是，它的存在，多少可以减少因民族问题而发生的战争。这是因为它有权处理民族主义方面的纠纷。只要有了这个机关的存在来讨论这些问题，则它纵然没有实际的行动，它也是足以形成一种国际意识；而这种国际意识，便足以造成一种相当的势力，来纠正一个国家对所属民族的虐待。

与谢德风合著，《民族自决问题》（商务印书馆 1937 年版）

论 文

地方行政中的国家权力范围

无论那一个国家,不能单靠一个中央政府以治理一切。所以地方行政不管是属于那一种,都是必要的,但是我们须明了地方行政不必就是地方自治,有一种地方行政确实只包括在国内各地方的国家官吏的设置,这种官吏只在其管辖区内,执行中央的命令而已。这样的地方行政,即是中央集权的一种极端的方式。除此之外,尚有种种程度不同的地方分权,直到尺度的另一极端。在这一端上,地方团体的自主权最为广泛,国家对于他们的节制力亦甚小。斯文之作,其目的不在讨论地方行政中的国家权力范围应当怎样,而在使读者明了欧美的几个国家关于这个主题的事实,唯挂一漏万,在所不免,希读者不弃,予以指正为幸。

一、法　国

　　法国在大革命以前,地方行政完全集中于中央政府。但一七八九年革命成功以后,宪法会议(constituent assembly)就废止了中央集权制,而采取地方分权制。当时法国政府的组织,突然一变,遂惹起社会秩序的混乱。所以分权制不仅没有予地方以多享自由的机会,反使地方陷入了无政府的状态。是以施行不久,弊端百出。至一八○○年拿破仑主政之时,就恢复了中央集权制,且更一步地集中权力,使地方毫无自治的余地。这种中央集权制,到"王政复兴"以后,始逐渐修改,俾地方能有相当的自主权,以处理地方事宜。但是现时的行政制度,还是脱不了**拿破仑的独裁精神**,集中地方行政于中央政府。

　　法国中央政府在地方行政上的权力,可从省长(prefect)的地位方面看出来。省长一面是中央政府的代表,一面又是本省的地方行政长官。所以他的地位非常重要,尤其是因为有代表中央政府的资格。省长是由内政部呈请总统任命。因此,如有政潮的转移,其省长去留之权,完全操之于总统。

省长的职权可分两种:一为属于中央政府的代表职权,一为属于地方行政长官的职权。依据前者,一切中央政令都赖其施行;按诸后者,一切本省政务都赖以领导。权力所及,范围甚广,如道路、桥梁、沟渠、贫民、住宅、医院、卫生事务、教育、征兵、户口调查、保卫、公安等等,都在其直接指挥监督之下,又如本省的官吏,亦多由其自由任免。每省虽设有一议会(conseil général),但其职权甚狭,不仅重要事件多由中央的法律及命令解决,省议会不能过问;且不能讨论非省长所提出的案件和政治问题;所以名为议会的存在,而实等于赘瘤。

省长对于各市(commune)行政,居直接监督的地位。每年的市预算必须得其批准。特别市税和超过若干数目的市债发行前,亦必须得其同意。并且有权撤换市长和暂时停止市议会的职权。

介在省和市之间的行政区域,即为县(arrondissement),每县设县长(subprefect)一人,由中央任命。但县长没有独立的职权,仅仅是省长的代表,故有省长"信匣"之称。省长职权的重大,完全为拿破仑时代的遗物,当时拿氏之意,不过欲增加其统制的效能。今日保存此制,实为地方自治的障碍。但是现在法国的人民,对于中央监督的严厉,大抱不满,都想谋市政的独立,然结果如何,尚未可预料。

二、德　国

在十九世纪的初叶，德国受了法国的熏染，亦采用中央集权制。但是德国地方自治的发达，似较欧洲各国为早；所以德国的地方行政制度确有其特色。在德国各邦的行政制度中，有两种并行的制度：一为地方自治，一为地方国家行政（local state administration）。所谓地方国家行政，就是指警察而言。德国警察所管辖的范围极其广泛，其职责不仅在维持社会安宁秩序，并且在预防危害。因此各邦的警察权力在"预防危害"四字的招牌上，得伸张到无所底止，如消防的整备、卫生的施设、房屋的管理、交通的建设、市场的统制等等，无往而不属于警察权力范围之内。德国警察既系直辖于邦，那末警察权力的扩大，即为邦权力的扩大。因此，各邦想限制地方权力，无须费改变法律之劳，只要在"警察"二字的意义上，费点解释的工夫就成了。

各邦的内政部长为警察权力的集中点。在内政部长之下，有直接负警察行政责任的各县长（Regierungsbezirk）。小城市的市长

(Bürger-Meister)虽亦负有警察的责任,但就这种责任上言,他不过是等于县长的一个附属品而已。

在地方国家行政方面,德国的地方团体固无权过问,即在纯粹地方自治范围之内,它们亦严受邦的监督。现在各邦的监督方法,包括有要求报告权、发布命令权、旷职控告权、强制编定预算权、委托行政严格指挥权、自由变更地方区域权、强制执行权、查阅文卷权等。因此,新德国的地方自治,仍不能摆掉旧德国的官僚主义的气味。

三、意　国

意大利的地方制度原和法国的相类似,但自莫索里尼主政之后,中央集权愈趋极端。现在所行的地方行政法西斯制,是根据一九二六年所颁布的法令而成立。从这个法令颁布之后,在意大利所通行的代议制度,全被废除。于是在七千三百一十个市中,每市都由中央政府任命市委员(podesta)一人,代行市长和市议会的职权。他的任期为五年,但若得省长(prefectto)的推荐,则可延长。

省长得许市委员设置市顾问委员会(consulta)。其人选三分之一由省长委派,三分之二由省长指定的各经济法团选出。市委员对于顾问委员会的建议,并无必须采纳的义务。市委员不必限于当地人士,普通都由退伍军官充任。在事实上,他不受任何名分的约束以顺从地方公意;因为他只对于省长和中央负责,并根据中央所定的原则以行使职权。他的行动是否合法,乃由省长认定。他的一切主张,亦必须得省长的批准,始可执行。

省长在省中所处的地位,正和市委员在市中所处的地位一样。他是一个国家的官吏,故一切都要根据中央的命令而行。因此,可说意大利的国家在地方行政上的权力,是无所不在的。

四、瑞　士

瑞士的邦(canton)和地方团体的关系,研究起来,颇有趣味。在全国二十五邦中,各邦有各邦的地方制度。这些制度在细目上虽不相同,但大致可分三类:法兰西邦(French canton)和提西罗的意大利邦(Itatian canton of Ticino)是属于第一类;德意志邦

(German canton)是属于第二类(主要类);柏恩邦(Berne canton)则属于第三类。在这三类邦中,地方自治程度最高的要算第二类邦,最低的是第一类邦,第三类是介乎二者的中间。

各市有几种职务,如警察、救贫、保卫、教育、建筑、卫生等,都是受邦的委托执行,在邦宪或邦的法律上,已有明文规定。除这些任务之外,各市得自由施行有利于本市的职责。如楚立克(Zurich)邦宪的规定:"各市在宪法和法律范围之内,得独立处理它们的事务。"

在德意志类各邦,除委托职务外,对于市的监督不过形式而已。在法兰西类各邦,则有不同,不特任何市产的处置必须得邦的许可,即预算、会计和许多财政决议,亦须得邦机关的批准。在柏恩类各市,亦有同样的情形。

总括来说,瑞士的地方自治,比任何国家都要完备。全县人民大概都能直接参与地方行政。各地方行政机关彼此完全独立,中央亦很少予以节制。

五、英　国

英国国家和地方团体的关系,曾经过几度的变更。第一期从英吉罗撒克逊的拓殖到诺尔曼人的征服。凡英国地方政府的单位,如州(shire or county)、百邑(hundred)、镇(township)、教区(parish),在此时均已划分妥当,并确定了人民自治的原则。第二期从诺尔曼人的征服到十四世纪,中央权力渐渐增加,地方自治权渐渐减少。第三期从十四世纪到一八三五年《市法人条例》(Municipal Corporation Act)的公布,地方事务仍绝对受中央的管辖,不过管辖之权已由王室移转到国会。第四期从一八三五年《市法人条例》到一八八八年的《地方政府条例》(Local Government Act)。城市政府完全由人民自治。但乡区政府仍旧没有改变。第五期从一八八八年到现在,乡区政府亦逐渐由人民自治,行政制度亦自趋简单,而同时中央政府对于地方政府又渐有集权的倾向,但和法国制度仍大不相同。

英国中央监督地方的方法,是由国会制定各种法案,执行权则操于地方机关。但是中央为实现国会的政策计,自不能不设立中央机关,以促进各地方行政的一致进行,中央机关之关于地方行政的有六:

(一)卫生部(Ministry of Health)监督地方职权的范围最为广泛。在一九一九年,英国取消地方政府委员会以后,其所有职务大都归于卫生部办理。其中虽有几种职务已划入其他各部,但同时却有种种新职务发生。现在卫生部主要的职务,即为公共卫生、救贫、养老金和其他种种社会保险事业;再如地方财政亦受其节制。

(二)内政部(Home Office)指挥全国警察,监督各地工厂和矿务。

(三)教育部(Board of Education)监督各地方教育行政和公立的教育机关。

(四)交通部(Ministry of Transport)监督一切道路、海港、码头和船坞。

(五)商务部(Board of Trade)监督自来水和煤气。

(六)农渔部(Ministry of Agriculture and Fisheries)指挥地方机关执行种种关于市场、食料、药品、兽类疾病和其他事务的法律。

以上各部监督地方行政的方法有三:

(一)指示——如颁行救贫实施细则等。

(二)节制——如地方制定关于地方财政、公产、债务建筑等附律，必须经中央视为未背法律并承认有效后，始可实行。但是英国地方机关，只对于地方人民负责，因此，地方机关如有执意违抗中央时，中央只能诉诸法庭，请求维护全国法律的效力。

（三）引导——中央收集各地方的消息和报告等，编刊发行，以供各地的参考；此外，对于各地的政务和问题，亦为之解答。又因各地方财力有限，设置工程、卫生、教育、救贫等视察员，分途视察各地情形。

英国这种监督制度，虽云复杂，但亦确有其优点。这优点即是分工合作，使各监督机关都成为一种专门的机关。并且英国制度极富于柔性，随时可以依照社会上的新需要和新状况，逐渐变更。

六、美　国

美国的地方制度，是承袭自英国的，在联邦成立以后和在联邦成立以前并没有多少分别。但是百五十年以来，因社会经济日益发达，地方团体亦即日益扩大，其自治范围，尤其是城市制度，有更大的进步。

美国地方行政是采用立法监督制度。以市来说,市政府的组织、职权和选举方法,都须由州议会决定。各市虽有自动草拟市宪的,然总脱不了州立法的限制。以镇和村来说,亦是这样。但立法监督,在美国往往因运用不善,致流弊发生,故近年来行政监督亦逐渐兴起。下列各项,足为列证。

（一）公共卫生　近五十年来,各州公共卫生行政,大都统一,故州政府对于地方公共卫生行政,有很大指挥和支配权。并且小地方的公共卫生行政,差不多完全有赖于州吏的处理。

（二）财政　最初地方团体代州政府征收地税时,概不受州政府的监督,结果致各地方对于州政府地税的担负,常不得其平,近数年来,多数州有鉴于此,都设立平税委员会（State Board of Equilization）以监督各地方的地税征收办法。此外,更有十数邦通过法律,规定各地方的账目必须呈送州政府审查,并于这项法律中,规定州长得指定公共查账员若干人,将各地方的记账方法代为订定。各地方的账目,每年至少须检查一次,并责成查账员作成报告,呈送州长核夺。其他如地方募债或借款,通常亦须受州的节制。

（三）道路　十九世纪的初叶,道路行政例由地方全权办理,近数十年来,则联邦和州握有主要权力,凡属国道或州道的建筑,都有很大的补助费。

（四）教育　地方教育近已逐渐由州政府管理和监督,并由各州所设立的教育部专负其责。

根据以上数例,我们可知美国最近的趋向,则为松驰立法监督,侧重行政监督。

七、各国制度的比较

欧美的几个代表国的国家和地方的关系,已如上面所述。兹再将各国的制度分做三点来加以比较。

（一）地方自治的限度　依英美的习惯,地方团体的权限是列举的。换言之,就是地方团体的权限,都有法律的详细规定,地方团体独立行动的范围很小,但是在欧洲大陆方面,地方团体的权限是概括的。换言之,就是法律只简单规定一两条大纲,凡事务之属于地方性质而没有明文禁止地方管理的,地方团体即有自由管理之权。这两种制度,表面上似以大陆的办法较为自由。其实不然,因为大陆各国地方团体的法定权限,虽然广大,但其行使则比较要多受中央的节制和监督。所以事实上这些地方团体,往往于纯粹地方事务,亦多倾向于中央的意旨。在英美则地方团体于法定范围之内几完全不受限制。

在多数的大陆国家中,初级地方团体的一切行动,大概都是受国家官吏的直接监督。法国的省长有监督本省内各市镇的大权,甚至有暂时停止议会的职权。国家的元首更可用命令将其解散。比利时对地方团体的监督是由县长、省长或国王行使,但监督权较之法国为小。荷兰国王可以根据不合法或违反一般利益的理由,废止地方任何决议。意大利地方团体的一切决议,都必须得到省长的批准。挪威地方团体的任何决议,必须得到州长的批准,如被否决,议会不以三分之二的人数重新通过,原案即将撤废(除非经国王的批准)。丹麦和瑞典地方团体的决议,亦须经过批准的手续,但瑞典颇重地方的惯例。按西班牙的现行法令,行政监督虽未被废除,但仅限于极端场合之下行使。德国的行政监督,亦只限于视察地方行政之是否合法。

(二) 财政　国家节制地方财政的方法,大致不外四种:(1) 财源的限制;(2) 预算和其他财政决议的批准;(3) 账目的审查;(4) 补助金的停给。

(1) 财源的限制　关于这种限制,各国都有法律的规定。大体上,各国的制度,或者准许地方团体征收地方税,或者在某几种国税上征收附加税,或者两种方法同时并存。在大陆各国都实行附加税制度,但可附加的税和可增的数目,是由国家法律加以严格的规定。

大不列颠地方团体的财源,在税收方面,只限于宅地税一种,但是税率是不受限制的。美国亦是这样。

在荷兰、挪威、瑞士、丹麦、芬兰等国,地方团体可直接征收地方所得税,但是在税率方面,除芬兰外,都有一种法定的限制。

(2)预算和其他财政决议的批准　法国市预算是由省长决定,至特别市预算则须经内政部长提议,由总统加以批准。比利时、荷兰和意大利的市预算是由省机关节制。在德国、西班牙和斯堪的纳维安国家(Scandinavian-Countries),地方预算须呈送上级机关,但除征收新税外,无须得其批准。在法国、荷兰、匈牙利和德国的几邦,上级机关有添加预算款目权(inscription d'office)。

在美国和大不列颠,上级机关对于财务事项,除借款外,没有预防的节制(preventive control)。在欧洲各国,地方团体借款都须得中央政府或其代表的批准。但美国对于地方借款的节制,不在批准的手续,而是在州宪上规定地方机关可以举借的最高限额。

(3)账目的审查　凡是地方预算必须呈送上级机关的国家,地方账目亦须呈送。英格兰和威尔斯的地方账目,是受卫生部的节制。瑞士和美国都由邦或州机关执行。

(4)补助金的停给　补助金制度盛行于英美两国,为中央监督的良法。补助金的给与,大致限于地方教育、警察、筑路、卫生、居住、救贫等行政工作。其给与的条件,亦不一致,大都须遵从中央政府的意旨以处理。如行政不合中央政府所规定的标准,则中央政府可以停止补助金的拨给。

(三) 官吏　比利时、荷兰和瑞典的市长是由国王任命。德国和波兰的市长,虽由市议会选任,但须得上级机关的认可。在法国和其他仿效法国制度的国家,市长亦都由市议会选任,但他处有双重的地位,一为本市的行政首长,二为中央政府的代表。因此,他等于省长的一个下属,国家元首对其有罢免之权。在大不列颠,中央政府对于市长的选任,无过问之权,美国各州的情形亦复如是。

原载于《市政期刊》第 2 期(1934 年)

印度民族运动之回顾与前瞻

一

自英国统制印度以来,政治上之压迫,经济上之榨取,均无所不用其极。但天下事,物极必反,压迫愈大,反抗亦必随之而起。所以印度民族运动,亦随英国之压迫日趋激烈。

印度民族运动之战败,不但与印度本国之废兴存亡有关,且对于世界大局亦有重大之影响。现在世界政治局面,大致可分成二大壁垒:一为帝国主义,一为反帝国主义。帝国主义之首要,当推英国;而英帝国主义之显著成绩与势力根据,即在印度。如印度民族运动成功,则英帝国主义之势力将从此而破产,而世界帝国主义亦将从此而崩溃。反之,如印度民族运动失败,则英帝国主义之势力必益形巩固,而世界帝国主义亦必益形伸张。

故吾人可谓：印度民族运动之成功，即反帝国主义之胜利，即帝国主义之失败；印度民族运动之失败，即反帝国主义之失败，即帝国主义之胜利。因此，吾人对于印度民族运动不可不特别注意，及切实明了。

本文先述印度民族运动之经过历程，次述印度民族运动之障碍及其今后之趋向。

二

民族与民族之间，一旦有压迫与被压迫之事实，即有民族运动之发生。印度由印度公司治理之后，以不堪受种种之压迫与剥削，致暴动屡起，以与英人相对抗。其第一次之民族战争，始于一八五七年之所谓"印度兵变"（Sepoy Mutiny）。此次革命，规模甚大，历时在二年以上。英人治权濒于崩溃，后经英国军队猛烈攻击，骚乱始平。结果，统治印度之权虽移于英政府之手，而印度人之痛苦则依然未减。唯因民族之散漫及武备之取缔，故印度民族之志士，乃不得不采用合法之反抗运动，以冀成功于将来。因而有一八八五年印度民族运动之代表机关印度国民会议（Indian National Congress）之产生。

印度国民会议于一八八五年，经印度总督之谅解，由英人自由主义者嚣姆（A. O. Hume）所发起组织，①其目的在使印度智识分子得分沾英国之治权与图改良在印度之英国政治。以是之故，此会议初非有革命之观念。当初参加会议者，多为印度温和派之智识分子，彼等虽请愿对于政治上之种种改革，然因英人对于印度国民会议之持偏见，卒无若何效果。至二十世纪初年，于是乃有新思想之急进派出现。此派之领袖为提拉克（B. G. Tilak），彼乃一天才之政治家、学问家，同时又为革命之巨子。彼以印度之一切贫苦罪过原因，归之于英政府。故其主张排斥英货，于必要时，并主张应用暴力。

一九〇四年至一九〇五年，日俄在满洲构兵，结果，日本胜利。急进派受日本击破俄国之所谓"亚细亚觉悟"之刺激，遂鼓其勇气而从事于革命运动。一九〇五年又适因印度总督克仁（Lord Curzon）分割孟加拉省（Bengal）致生纠纷，遂乘机而发生显著之革命。

一九〇五年至一九〇八年之间，印度之革命运动，有如风起云

---

① 一八八三年印人巴纳兹（Sasipada Banerjee）已有此建议。

涌。一九〇六年,印度国民会议于提拉克领导之下,通过印度自治、抵制英货、改良教育及振兴实业之议案,借以唤起民众与政府奋斗。此等议案至后成为甘地所提倡之不合作运动原则。一九〇七年后,急进派之势力,日益扩张,民族运动益趋激烈。暴动风潮,各处爆发,政治暗杀成为一种流行病症。英政府最初利用统治权威,制定爆发物取缔法,禁止秘密集会结社法,并修正刑法,以钳制印度之民族运动,不料反激起更猛烈之反抗。于是英政府乃改变其方针,表示让步,以求妥协。

一九〇九年,英国国会通过摩里-明托改革案(Morley-Minto Reforms),①即为妥协政策之表现。依此法案,印度人有充任总督省长与行政会议中之高等议员之资格,并得选举一切立法会议之一部分议员。但最此等立法会议,对于执行方面,并无实权,仅为供咨询之机关。

该法案颁布之后,印度之温和派领袖虽为其软化,但是急进派则深怀不满。一九〇九年后,两派互相抗争,引起暴动,其结果,急进派在印度国民会议中失势,而民族运动颇受打击,乃复从事于民间之宣传工作。从此反英思想,始逐渐深入于人民之脑海中矣。

---

① 摩里(Morley)乃当时印度事务大臣,明托(Minto)乃当时印度总督。

三

一九一四年,欧洲大战,予印度民族运动以可乘之机会。一九一五年,由美洲返国之印度人,于德国筹得大宗借款,并秘密运枪械入印度,以图大规模之暴动。同年,印度国民会议开会于孟买(Bombay),主席新哈(Lord Sinha)主张"应依人民之理想,建设人民之政府;印度之自治,不但为英国之义务,并且与英国有利"[①]。于是印度自治呼声,更高唱入云。同时,又因爱尔兰自治运动之刺激,设立自治同盟会(Home Rule League)。一九一六年十一月,印度国民会议与回教同盟(The Moslem League)之代表,会议于鲁克诺(Luckno),共同讨论自治运动之问题,并发表宣言,其最要之主张:(一)印度须为一自治国家;(二)印度与英国之其他殖民地,须受同等之待遇;(三)印度在立法行政以及财政上俱应自主。当时英国因忙于对德作战,无力东顾,故对于印度之自治运动,则尽力怀柔。一九一六年之帝国会议,邀请印度代表参加;于帝国军事内

---

① Hans Kohn: *A History of Nationalism in the East*, p. 418.

阁,亦招致印度之代表,令其参与,一九一七年,路意·乔治(Lloyd George)内阁,正式宣言,许印度人逐渐参加各种行政机关,以期于"不列颠帝国之范围内建立印度自治政府"①。同年又派印度事务大臣蒙塔古(E. S. Montagu)赴印度考查,借以联络印度民族运动之诸领袖。

四

欧战期间,印度于财政及军事两项,为英国而牺牲者,至大且巨。然其所以不惜受此等牺牲者,盖希冀战后能脱离英国之羁绊。殊知事与愿违,战后所得者乃不过一部有名无实之改革案,即所谓一九一九年蒙塔古－建斯福特改革案(Montagu-Chelmsford Reform)。该改革案之内容,大概是:(一)中央立法会议采用两院制;(二)扩大各省立法会议,与增加民选代表;(三)财产为选举之必须资格;(四)执行机关无须向立法机关负责;(五)各省公安司法行政等重要事务,均保留由省长及其行政院处理,并由省长直接

---

① 见一九一七年英国国会开幕时之英皇诏书。

向印度总督及伦敦印度事务大臣负责；（六）此改革案于一九一九年起实行，以十年为期。

该改革案当然不能满足印度人之素望。故发表后，印回两派之自治人物，群起反对。于是民族运动又突趋热烈。英国以大战告终，亦改变其以往之"虚与委蛇"之态度，于一九一九年颁布《罗拉特条例》（Rowlatt Act），规定凡迹近嫌疑之人，随时均可逮捕；不经法官之审判而得监禁。因此，更激起印度人之愤慨，终于四月十三酿成阿姆里柴（Amristar）之惨剧。当时阿姆里柴之印度人开国民大会，集众讲演，但英国军官载耶（Dyer）突然派军袭击，未经通告，即向徒手群众轰杀，直至子弹告馨而止。当场死伤者共二千人。此次事变与印度民族运动以非常之刺激。从此印度民族运动领袖知英印合作为不可能。国民会议乃至印度民族运动全体，乃开始趋于革命与不妥协之途。倡导不合作运动之甘地，遂成此革命新潮流中之领袖。

一九二○年六月，回教徒代表开会于亚拉哈巴（Allahabad），提倡甘地所主张之不合作运动。该会议议决拒绝爵位，抵制外货，否认裁判，不购买公债，不入英人所办之学校，不参加会议，不纳税，不当兵，不信任官吏等议案。九月，奈格普（Nagkur）之印度国民会议，亦以最大多数表决通过不合作运动案。一九二一年阿美亚巴德（Ahmedabad）之印度国民会议，并授权甘地，以领导反英之

"违法运动"。自一九二〇年至一九二二年，不合作运动遂如火之燎原，而蔓延及全国。学校罢课、工人罢工、官吏弃职、搜查英货、封闭酒店等等，无一不足以表示印度大众之一致参加甘地所领导之不合作运动。

当一九二一年英康脑脱公爵（Duke Connaught）漫游印度之时，事态愈趋严重。孟买及戈勒克布尔等处，竟有违反甘地非武力教义而出于暴动之行为者，至是英政府乃决采强硬之态度与高压之手段，以钳制印度之革命。不合作运动之领袖，先后被捕者有阿里兄弟（Ali brothers）、达希（C. R. Das）、里鲁（Motilal Nehru）诸人。至一九二二年，甘地亦以谋叛（creating disaffection）罪被捕，判处六年徒刑。

甘地入狱后，不合作运动似暂停顿，但代表印度民族运动之自治党（Swaraj Party）乃应时而起。其领袖达斯主张一方面从事工会及合作运动，使农工阶级得有组织，而为武力革命之准备，另一方面则从事于革命之议会活动，以便于立法会议中阻碍政府之政策。一九二三年，立法会议选举中，该党非常得势，中央立法会议中，该党几占全议席之半数，各省立法会议内则占全议席之大多数，不过因客观环境之关系，依然无所成就。

一九二四年，甘地因病被释出狱。不合作派与自治派均深知非两派合作不足以抗英。于是同年在贝尔刚（Belgaum）所开之印度国民会议中,由甘地主席,通过两派之调解案。该案仍注重民众之不合作组织,每月手纺棉纱二千码者,始有选举权。自治派虽得参加立法会议,但以实行"有计划之捣乱"为条件。

一九二五年,自治派提出自治案于中央立法会议,其要点为:(一)中央与地方立法会议应由人民选出之。(二)政府一切行动应向中央立法会议负责。(三)取消地方上之"二元政府制"(Dyarchy)而代之以省自治制。(四)财政应由立法会议管理之。(五)于一定之时期内,印度军队须成为完全之国民军队。此案后虽通过,但印度总督不肯执行。

一九二五年后,印度革命潮流低落。自治派日渐右倾,充满对英妥协之论调。印度国民会议于一九二六年之大会上亦公开分成左右二派而对立,延至一九二七年底,西门委员会(The Simon Commission)组织之后,始重行联合。

五

一九二七年,英政府以印度之暂行宪法行将满期,故任命西门等六人组织委员会,负责调查印度情形,借以制定印度未来之新宪法。然该委员会全为英人所组织,并无一印度人参加,自该消息传出后,全印度人均极端愤激。甚至印度之温和派,如沙布鲁(T. B. Sapru)及其他党员,均谓该委员会之构成,不外对于印度民权加以侮辱。因此,印度过去各对立之党派,又得新行团结。

一九二七年底,印度国民会议开会于马德拉斯(Madras),革命之新气象充满当时之会场,结果通过下列四大议案:(一)统一全印民众运动组织。(二)宣言印度独立为民族运动之最终目标。(三)派代表参加驻德反帝国主义大同盟。(四)一旦英俄开战,印度绝对不予英国以援助。

当一九二八年二月西门委员会于孟买登陆时,民众之抵制运动即行发动。凡委员会所经过之地,各处均罢工罢市,并游行演讲,高呼"西门归去""印度宪法由印度制定之"等口号。该委员会因遭此种刺激,遂致函总督,主张委员会与中央及地方立法会议之代表,共同负责进行调查工作,但多数省之立法会议均拒绝合作,而印度国民会议亦以多数之通过,作同样之拒绝。后来西门委员会虽依然进行工作,但始终未得印度人民团体之协助。

一九二八年五月,印度各政党代表开联席会议(All Parties Conference)于孟买,成立所谓《里鲁报告书》,主张印度自治联邦,该报告书虽以种种关系受左派之攻击,但运动实趋于具体化。一九二八年底，加尔各答（Calcutta）印度国民会议议决：至一九二九年底截止，英国政府如不承认《里鲁报告书》，国民会议当即恢复不合作运动。自后印度政局更趋不安。职工组合与农工党之发展，骎骎然有一日千里之势，革命空气极其浓厚，要求印度独立者亦层出不穷。后当局大捕共产党及急进劳工领袖，并与以非常之虐待，于是更引起民众之愤懑。民众与军警之冲，时有所闻，且有因伤毙命者。印度青年更有轰炸印度总督之举。

至一九二九年行将终了，印度国民领袖以自治仍无希望，于是召集民众大会于拉贺尔（Lahore），议决：（一）取消承认去岁里鲁之报告书。（二）宣告印度自治为完全独立，不复与英国联合。（三）依次实行不合作运动；先抵制立法机关，凡国民大会人员在中央及地方立法会议者，应即退出，并禁止以后加入选举。（四）授权印度国民会议，于必要时即宣布不纳税，不服从一切之命令。

一九三〇年，国民会议委员会复授权甘地，领导全印度从事不合作运动。甘地于不合作运动开始前，致哀的美敦书于印度总督欧文（Irwin），并限期作圆满之答复。但总督竟答以简单之书翰，拒绝其要求。于是甘地乃毅然发令，开始不合作运动。三月十二日，甘地率其信徒赴海滨亲行煮盐，以实行破坏盐法。

缘英政府对于食盐课税甚重，不许印度人民私自制造，盐为人所必需之食品，凡属印度人均受盐税之剥削，而尤以农村人民为最甚,故甘地以抵制官盐为解除人民之急务,而抵制官盐之法,则唯私造食盐,虽明知触犯法纪,而亦不恤。

一九三〇年三四月间,甘地赴印度各城市及乡村巡游,所至之处,青年智识分子及农人加入为志愿队者,日见增多。不合作运动遍播于印度全境,英国军警已无法加以遏抑,英政府对于印度问题,初尚取宽容之态度,但后来暴动纷起,捣官盐局、法庭、警察局等事,日有所闻,英国在印度之统治权大受威胁。因此,印度总督欧文遂出严厉之处置,实施全国大检举。印度国民会议诸领袖如巴特尔(Patel)、里鲁、美特(Mitae)等均被次第检举投狱。至五月五日甘地亦被拘捕。

自甘地被捕入狱之消息传出后,民气沸腾,如烧大镬,罢工罢市,所在皆是。台里(Delhi)、加尔各答、孟买等处,民众与军警不绝发生冲突,结果,死伤甚多。

甘地被捕后,国民会议乃另选领袖,指导民众运动,此领袖又被捕,则又改选,如是者数次至最后乃由民众自导自行,无论何人出而指挥,而全体均皆服从,以向其所定之目的——独立——前进。

六

西门委员会自一九二九年由印度归国后至一九三〇年始完成其报告书,该报告书[1]占八百余页之篇幅,分成两巨册。第一册只载调查事项,第二册则为委员会之建议,其内乃主张改印度为联邦制,增加地方政府之权力,但中央及地方立法会议则仅更改名目,"二元政府制"则依然存在。此种办法自不能孚印度人之愿望。故自该报告书发表后,英印关系愈趋恶化。英政府以高压无效,于是乃改弦易辙,进行和平交涉,派人赴狱中与甘地、里鲁父子磋商,请彼等出席伦敦圆桌会议,以解决印度问题。但彼等均拒绝参加。至是,英政府乃用指派及其他方法,推出印度代表,举行会议。

圆桌会议于一九三〇年十一月十二日开幕于伦敦圣哲姆士宫(St. James Court)。该次会议中之英方代表,为首相以下诸重臣。至印方代表,均为王公资产阶级及其他英政府所指派之人物,故事实上,彼等断不能代表印度之民众。该会议于一九三一年闭幕,议

---

[1] Report of the Indian Statutory Commission, 2 Vols., London, 1930.

决以下之问题：(一)印度中央政府采用联邦制,其行政大权赋予英皇,或代表英皇之总督;另设一由总督任命之内阁,以执行政务。(二)内阁须向立法机关负责。(三)关于财政、军备、外交等政务,在过渡时间内,仍应保留,由印度总督处理,印度仍不能过问。(四)在过渡期内,于上述政务以外所发生之特定事件,亦为总督之责任。(五)总督为完成其职务,得采取自由行动,并赋以执行其决定之必要权。(六)当印度联邦宪法破坏之时,总督得有充分权限执行其政务。(七)关于地方政府,"废除二元政府制"：地方政府享有自治权。(八)印度与缅甸分离。此后英政府将与缅甸代表直接制定新宪法,无须印度代表之参加。

该次圆桌会议中之人物既均为统治阶级及亲英分子,故印度之不能达到独立或自治之地位,原无足怪。然自一九三一年一月间,该种消息传出后,印度人深为不满,民族运动又有发动之势。印度总督欧文为缓和印度人之革命热情计,于一九三一年九月二十六日,将甘地、里鲁及其他国民会议领袖无条件释放;对于印度国民会议亦不认其为非法之团体。

甘地出狱后,接受温和派之劝告,而与欧文作数次之会商,结果,乃于一九三一年三月四日成立所谓"甘欧协定"。三星期后,印度国民会议议决,推甘地为第二次圆桌会议国民会议之总代表,至于国民会议之主张,仍为"独立""完全自治"与"财政管理"。

一九三一年九月,第二次圆桌会议开幕。该次会议中,英政府除加请甘地及印度民族运动之重要分子外,尚有其他各派之人员参加,被请出席者,约百人之多。开会次日,甘地于宣读印度国民会议所通过之完全独立决议后,即声明可接受距离该会议完全独立主张不远之建议;且此建议必须与其使命中所定之根本原则相符合。但会议时,英保守党之态度极强硬,故印度国民会议之希望,终不能实现。

甘地返国后,不合作运动,又复兴起,但甘地亦旋即被捕。一九三二年一月,英政府颁布紧急权力令、非法煽动令、非法集会令及禁止干涉与排货令,以谋制止印度之革命运动,然结果革命运动不但未因之消弭,且有益趋紧张之势。

一九三二年底,第三次圆桌会议复举行于伦敦。印度国民会议未派代表参加,而该会议所讨论之事项,亦极其详密。

一九三三年五月八日,甘地在狱中决定实行绝食三星期,表示为印度贱民(untouchable)主张公道。英政府因恐负担责任,将其释出。同年八月,甘地又因进行不合作运动,被捕入狱,但未及一月又被释出。

自一九三三年底以来,印度民众之大规模不合作运动,虽暂行停止,但对于反宪运动之进行,仍不遗余力。本年四月,国民会议开会于德里,决定于立法会议选举中,努力竞选,以期于会议中取消各种压迫民众之法律,并否决英国白皮书所载改革印度宪法之提议,甚至最保守之自由党亦反对该提议。以故印度新宪法之前途,甚可悲观。将来印度民众于休养充足之后,由反宪运动一变而为大规模之反英运动,此则大有可能性也。

七

印度民族运动所经过之历程,大致已于上述。兹再略述其前途之障碍及其今后之趋向。

印度民族运动之障碍,约有下列数点:

(一) 印回宗教上之冲突　印度之宗教,最为复杂,而最占势力者,计有印度教与回教二种。印度教徒有二万一千七百万人,回教徒计有七千万人。[①] 两派教徒因习惯风俗及教旨之不同,冲突极烈。当印度民族运动开始发动之时,回教徒非特不参加,而且受英政府诱惑之,从事反对,因此印度民族运动之势力,大为减少。欧战后,两派教徒中之明达者,虽极谋接近,但宗教冲突之事仍时

---

① P. T. Moon, *Imperialism and World Politics*, p. 296.

有所闻。此实与印度民族运动前途以重大之威胁。

（二）党派见之歧异　查印度党派甚伙,约而言之,则有急进与温和两大派,急进派主张以积极手段,取暴动形式而推翻英国以自立;温和派则谋以消极之手段,取得政权而为独立之先鞭。两派以见解主张之不同,而互相倾轧。同时英国为图分化印度革命势力计,复从中挑拨而加深其彼此间之裂痕。结果,不但分散革命之力量,而且与英国以进攻之机会。故党派意见之不一,不能不谓为印度民族运动前途之障碍。

（三）阶级制度之严密　阶级制度为印度教之要素,其阶级有四:一、婆罗门（Brahman,僧侣及智识分子）,二、刹帝利亚（Kshatriya,官吏及战士）,三、韦西亚（Vaisya,农民及商人）,四、苏特拉（Sudra,仆役）。各级互相歧视,不相往来,不通婚媾。此种阶级制度,使印度人民间之感情隔膜,使民意不能一致,故对于印度民族运动之前途,大有影响。

由上所述数点观之,印度民族运动之障碍,不可为不大。然而,吾人须知此等障碍,实际上绝不能阻止印度民族运动之发展。因为印度民族运动,乃英国数百年来压迫剥削之结果,如英国一日不放弃其印度统治权,则印度民族运动亦必一日不中止;而且在目前民族革命之阶段上,共同之民族利益超过其他由阶级、党派、宗教等而发生之个别利益,如共同之民族利益不能获得,则个别利益终成空想,所以各阶级、各党派、各宗教势力为共同之民族利益而结成联合之战线,乃可能之事也。

但是,印度欲达到民族独立之目的,决非甘地所倡导之不合作运动所能照效,因其手段为消极之抵制与非武力之反抗。世界各国革命史,已证明革命运动于达到最高点时,必转成武力斗争。届时统治阶级必以非常暴力,压迫革命运动,如被压迫民众不用武力对抗,结果,革命运动必然流于破产。故以此推之,将来印度民族运动,势必趋于武力反抗之途,以达到其完全独立之目的也。

原载于《政治季刊》第 4 期(1935 年)

英国宪法之特质

英国宪法,乃各国宪法之母。近代各国宪法之基本原则,如司法制度、法治精神、代议制度、国民监督财政、责任内阁制度、陪审制度,以及最重要之人民主权观念,均取范于英国。故吾人欲知近代宪政之真相,必须先明英国之政治制度;欲研究各国之宪法,必须先研究英国之宪法。兹编所述,乃仅就英国宪法之特质,分析言之,以供阅者参考之资料。

一

历来政治学者,率分宪法为成文与不成文二种。成文宪法者,即以一种文书或数种文书规定国家之组织及人民之基本权利与义务者也。如美国宪法乃以一种文书载列;法国宪法则以三种文书构成。反之,如国家之组织及人民之基本权利与义务并不以一种文书式数种文书为有系统之综合规定,而仅散见于习惯法式各种单行法律者,则为不成文宪法。英国宪法即其例也。所以张伯斯(A. M. Chambers)谓:

> 英国宪法无完整体系之文书可以推究;无特定之期间可以稽溯;亦无一团体以为之信托。吾人之政府制度乃经若干世纪之建设与改造,与夫使用各种资料之结果。①

戴雪(A. V. Dicey)亦谓:"英国宪法非出自人为之创造,乃出于自然之生长。且其长成,非抽象理论之产物,乃英国人民政治天性之结晶……"又谓:

> 英国宪法既无诞生之日期,又无创制之人物可指,更无一定之文书可稽。简而言之,英国宪法乃一种神秘之物,无论英民或外人,即有不能理解之处,亦必加以尊重,而无二心。②

---

① A. M. Chambers, *A Constitutional History of England*, p. 1.
② A. V. Dicey, *Law of The Constitution*, p. 3.

由是以观，吾人似可断言英国宪法，乃为一种不成文宪法，而与法美等国之成文宪法截然有别，可无疑矣。虽然，此非确论也。何则？英国宪法之一部固散见于习惯法中，非如美法等国宪法之有完整体系文书规定，但有关于政治制度之多种基本原则，却皆已见诸明文。何况素以成文宪法著名之美国，亦有宪法习惯之产生，而为其成文宪法之补充。如总统选举之操于政党，总统之任期不过两任，总统内阁之产生，议员住址之限制，当选资格等，均未曾经明文创立者也。以故，严格而论，成文宪法与不成文宪法之别，仍不过一程度问题而已。

二

英国宪法之内容，甚为复杂。欲究竟其系统，非寻幽采隐，不可得也。但概括言之，其组成之要素，可分为五大类。第一，为国际条约与协定，此在英美二国均视为国家最高法律之一部。第二，为带有契约性质之历史文件，如一二一五年之《大宪章》（Magna Carta），一六二八年之《权利请愿书》（Petition of Right），及一六八八年之《民权法案》(Bill of Rights)。第三,为国会制定关于增加或限制政府权力及程序之法律,如一六七九年之《出庭状法》(Habeas Corpus Act),一七〇一年之《王位继承法》(Act of Settlement),一七九二年之《毁谤法》(Libel Act),一八三二年、一八六七年,及一八八四年之《改革法》(Reform Act),一八七三年至一八七六年间之《审判法》(Judicature Act),一八八八年、一八九四年及一九二九年之三次《地方政府组织法》(Local Government Act),一九一一年之《国会法》(Parliamentary Act),一九一八年之《人民代表法》(Representation of the People Act),一九二八年之《平等选举权法》等均属此类。第四,为习惯法,其长成完全基于习惯,不须国会之立法手续,如英宪所赋予国人之个人自由,其来也,非出于国会之法案,乃恃乎习惯。习惯法中又包含数种法律上之惯例在内,如审问刑事案件,必用陪审官,即其一例。此等习惯法,除见于少数报告、意见书及法庭正式判例者外,余均未常有成文之形式。最后一类,为宪法惯例。福里门(E. A. Freeman)谓英宪中之政治道德(political morality),乃为指导政治之全典。① 戴雪以此种政治道德与宪法有别,而又与宪法相辅为用,故名之曰宪法惯例(constitutional convention)。此等惯例,虽非如法律,可以供法

---

① E. A. Freeman, *Growth of The English Constitution*, p. 3.

庭执法之根据,然在英国宪法中所占之地位极为重要。英国政治制度有一大部分,乃建立于惯例而非法律之上,如君主无否决国会议决案之权,无拒绝首相要求解散国会之权,阁员不得众议院之信任时,必须辞职,提案必须经过三读,始付表决,国会之组织必系两院,内阁之本身及其作用等皆是也。

宪法惯例,既非法律,且不为法庭所执施,设使有违背之者,则将如何使其就范耶？欲答此问,而使人满意固难,然吾人其细思之,亦可迎而解。第一,违反宪法惯例,每有与其他法令冲突之可能,或引起极大之事实困难。如国会年年召集为惯例之一。假使内阁专擅,违背此种惯例,则一年一度之陆军法与预算案即无从通过,结果遂使政府失其辖制军队之权威,及征收赋税之法律根据。又如内阁失众议院之信任,惯例需其辞职。苟数遭打击,而犹恋栈不去,法庭虽不能遽谓违法,然于此时苟非解散众议院,则内阁之命运,断难持久;盖众院可拒绝通过任何法律以制内阁之死命也。由此二例,可见宪法惯例虽无强制服从之限制,实有强制服从之力量,此其所以常受遵守之一因也。另有一因,即舆论之势力是。罗威尔(A. L. Lowell)有言:"惯例之所以为人重视恪守者,乃以其构成一部之光荣法典(Code of Honor),彼等犹诸游戏之规则;凡习于英国政治生活之人,均为敏于服从惯例之阶级,且其所以然者,实因彼等乃受全国人民之委托执行政权者;故不得不特别留意以维持委托之契约,不能有所违背也。"①如议会之年年召集,内阁不得众院之信任即得辞职等,此皆国民之所希望者也。使此等希望不能达到,则国民感情之发动,自可为其有效之补救法。

由上所述,吾人可知英国宪法,乃制度、原则与实施之混合物,其性质无定,成分复杂,完全为智慧及机会之产儿,②绝无先导,亦无预策。

三

英国宪法以其修改最易,故以柔性见称;③而该宪法,在行使上,又侧重习惯,因之,富于保守性之英国民族,其宪法在历史上,虽未于某一时期,骤然发生巨大之变化;但实际上,则无时不在修改与演变之中。以故西德罗(Sidney Low)谓:"英宪似一活动之有

---

① A. L. Lowell, *Government of England*, pp. 12-13.
② L. Strachey, *Queen Victoria*, p. 300.
③ J. Bryce, *Studies in History and (Jurisprudence)*, IV.

机体,其生长、变化,以及新陈代谢,无时或已。"①又如法国某著名公法家所谓:"英国宪法有似河流,徐徐流过人之足旁,旋去旋来,永无停息,且有时为树叶所蔽,几乎并水面亦不之见。"②由此可使吾人注意英宪特质之另一方面,即其继续性是。不若他国宪法,一经人造颁布,除非修改,进境即止于此,英宪独有继续不断,生长不息之能力。兹以议会改革为例。一八三二年之改革,非突于是年发生,早已经过数十年之酝酿,时机成熟,自然有此结果。既开改革之端,逐步进行,故百年以来,通过议会改革法案者凡五。十九世纪进化较缓,每二三十年始有一度之改进,二十世纪进化甚速,改进亦随之而速,故一九一八年之人民代表法及一九二八年之法案仅有十年之隔。循至今日,英国民治可谓发达已极,然改革之酝酿,犹在进行而未尝稍辍。以此可以例他,凡一政治制度,胚胎生长,盖莫不为天然之演进,因时以制宜,因势以利导,足征英国宪法继续性之特色。

---

① S. Low, *Governance of England*, p. 2.
② W. B. Munro, *The Governments of Europe*, p. 6.

四

英国宪法之继续性,既如上述。唯因其有此种特性之存在,遂使英国政治之进展,发生一种奇异之结果,即宪法与实际政治不相符合。无论何国之宪法,其规条与事实均大致相符。唯英宪则异是,其宪法之理论与政府实况,各不相同。故门罗(W. B. Munro)谓:"理论与事实之差异,实为英国宪法卓异之特质。"[1]兹举实例如次,以资参证。

英国政治原本君主专制,但七百年来,已由君主专制变为君主立宪或君主共和(Crowned Republic)。[2] 虽则如此,而君主专制之理论,在宪法上仍未动摇。君主仍为一切威权之来源。依理论而言,政府之一切行动,皆为君主之行动,以君主之名义而执行。政府中所有之官吏,皆君主之臣仆;各部大臣,不过君主之顾问,随君主之意旨而任命与罢免。无君主之命令,国会之选举不能实行;无

---

[1] W. B. Munro, *The Governements of Europe*, pp. 12–13.
[2] T. A. Ogg, *English Government and Politics*, p. 71.

君主之同意，国会之法律不生效力。君主为海陆军之统帅、司法之源泉、教会之首领。条约之缔结，和战之决定，莫不出自君主之判断。囚犯之赦免，赋税之征收，莫不操诸君主之手。凡此种种，皆为君主之法律权限，在昔名实有时尚能相符，循至今日皆为惯例所限，毫无实际矣。君主不过虚设之行政元首。无权干与国会，而高拱南面。既不能统治军队，又不能征税立法，其他如受理案件，行使判决等事，更无从问津。虽然，君主专制四字，固无实力可言，但在法律上，仍屹然有其地位。

再就内阁与国会之关系而论，英国之政治制度，自十八世纪初年以来，大体上系采纳责任内阁制。简而言之，英国内阁之组成，在名义上虽受命于国王，实际上出任首相之人，事先须有国会众议院议员过半数之拥护。内阁组成之后，须向众议院负责，若无众议院之信任，内阁即不能继续存在。此种制度，施行至今，在形式上未常或变，但按之实际，英国自一八六八年以后，尤其是自一九〇〇年以后，其政治重心，已渐由众议院转移于内阁，政党及选民；盖当维多利亚女王之中年，其夫阿尔伯亲王（Prince Albert）去世，女王顿感悲伤，对政事即觉厌倦。当是时也，能臣狄斯越利（B. Disrael）及格兰斯顿（W. E. Gladstone）二氏，相继出任首相，凡十余年，内阁之职权，因之日益膨胀；不但国会会议之时间，几为阁员所独占，即普通议员之提案权，亦将为其剥夺。同时政党组织，日见完密,因之普通议员之言论行动,受党纪之钳制,更加严紧。而选民本身,因选举权之扩大,对于控制政府,亦跻于较前优越之地位。以此种种关系,国会之权威大减,国会议事亦顿失其重要,一若国会之存在,非为监督内阁而来,乃为维持内阁而设。十九世纪中叶,白芝浩(W. Bagehot)着重内阁之受制于国会,十九世末叶,戴雪又标明国会主权之原则,但二十世纪以来,罗威尔·茂埃(R. Muir)等,却一反而为着重于内阁之专擅。此种变化固彰彰明甚,无可否认,然非出于宪法明白之修改,而乃形成于渐进及不知不觉之间者也。

以上二例,足证在英国之全部立宪组织上,法律之于习惯,理论之于事实,原则之于设施,皆大相悬殊,不可相提并论。所以安孙(W. R. Anson)有言:"英国古制遗习,早成陈迹而不合时宜者,仍常保留于现代,其结果,在英国宪法中,不徒理论与事实不能时而一致,即法律与习惯亦不免左右参差。"[①]

---

① W. R. Anson, *Law and Custom of England the Constitution*, Vol I. p. I.

五

综上所述各节，吾人可见所谓英国宪法实具有五种特质：第一，不成文之部分，较诸他国为多。第二，成文之部分，非包含于一种文书，或数种文书之内，乃散见于各种条例之中。第三，该宪法，乃由宪章、法律习惯法、惯例等所构成，故性质无定，成分复杂。第四，该宪法似一活动之有机体，有继续不断，生长不息之能力。第五，该宪法之理论与实际政治各不相同。两者之间判若鸿沟。明乎此五种特质，则英国宪法究为何物，不难于辨释矣。

原载于《复旦学报》第 4 期（1937 年）

民权主义之平等观

一、平等与自由之关系

西洋之民权革命除为争取自由而奋斗之外,即为争取平等。总理云:"平等这个名词,通常和自由那个名词,都是相提并论的。欧洲各国从前革命,人民为争平等和自由,都是一样的出力,一样的牺牲,所以他们把平等和自由看得都是一样的重大。"①实则"平等"在思想之威权较自由为尤甚;盖在一国之内,革命之根本要求,不仅在个体之自由,而尤在全体之平等,使各个有均等权利,而自由发展其人格也。如革命之目的,徒重个体或部分之自由,则不久受我之压迫者,将效我之故智,起而革我之命也。是故自由虽为社会进步之要素,苟无平等原则以统御之,则个体生活必致于破

---

① 见《民权主义》第三讲。

裂,结果,自由亦莫能达其美满之目的,徒增人类社会之纷扰耳。昔者中等阶级愤地主贵族之横暴,奋起而革命,宜也,及其成功,复蹈资族地主之覆辙,则安矣。以故今日之劳动阶级,亦起而革命,要求直接管理生产之机关,此所谓出乎汝者反乎汝,徒见报复循环,焉能长治久安?此虽一端之例,然推而至政治生活,国际关系,亦何独不然?且平等亦未常不含有自由作用也,如人皆有平等之机会,则自能应其能力向上而发展,彼此敬爱,协力合作,益足创造美满之文明,故谓平等包括自由而有之可,谓自由必得平等而后能究成,亦无不可。

二、平等观念之史的发展

平等观念起源甚古,而孕育最早者,当首推中国。中国道家以为平等之义,非齐不平而为平,唯□其本性之恒然而已。如庄子齐物之论,即所以阐平等之义者也。道家之政治哲学,本于"自然",其视自然为万能,为至善,违反自然,则铸成罪恶。人为之政治与人造之阶级,均与"自然"绝不相容,即一切所谓文化文明,亦均为自然之蟊贼。故其理想社会,乃绝对平等自由之社会。

儒家之政治对象,在平天下,而平天下之道则在"絜矩"。所谓"所恶于上,毋以使下;所恶于下,毋以事上;所恶于前,毋以先后;所恶于后,毋以从前;所恶于右,毋以交于左;所恶于左,毋以交于右。此之谓絜矩之道"①。此种所谓"絜矩"者,纯为平等对待之关系而始成立。如政治上,人人共絜此矩,各絜此矩,则天下有平矣。此外,儒家对于人格,亦主张平等。如孟子云"圣人与我同类者"②;又云"舜,何人也?予,何人也?有为者亦若是"③。此皆承认人格平等之明证也。

墨家对于平等,言之尤为彻底,其根本观念为"兼爱"。墨子云:"凡天下祸篡怨恨,……以不相爱生也。是以仁者非之何以易之,……以兼相爱交相利之法易之。"④荀子云:"墨子有见于齐,无见于畸。"⑤所谓"齐"者即现代所谓平等之意也。墨子之所言"爱"既以平等周遍为原则,如人类能遵守此原则,则自无不平等之现象矣。

---

① 见《大学》。
② 见《孟子·告子上》。
③ 见《孟子·滕文公上》。
④ 《墨子·兼爱中》。
⑤ 见《荀子·天论》。

法家继墨家而起，唯感于墨家理论之不切实际，乃主张法律为人所共守之规律。法律之前，人皆平等。管子云："凡令之行也，必待近者之胜也，（才胜服近习令乃行）而令乃行。故禁不行于亲贵，罚不行于便辟，法禁不诛于严重而害于疏远，庆赏不施于卑贱，二三而求令之必行不可得也。能不通于官，受禄赏不当于功，号令游于民心，动静诡于时变，有功不必赏，有罪不必诛，令焉不必行，禁焉不必止，在上位无以使下，而求民之必用，不可得也。"[①]韩非子亦云："法不阿贵，绳不挠曲。法之所加，智者弗能辞，勇者弗敢争。刑过不避大臣，赏不遗匹夫。故矫上之失，诘下之邪，……一民之执莫如法。"[②]凡此皆为法家主张法律平等之基本观念。

中国文化制度，自古以降，无不受道儒墨法四家思想所支配，而四家之主张平等则一也。因此，中国数千年间，阶级之区别，不若欧洲各国之严格。

西洋之平等观念亦发生于二千年前。希腊时代之柏那图（Plato）则以平等为民主政治之基础，且将其分为二类：一为绝对平等，即指一切公民应有同等之机会而为国家服务；一为比例平

---

① 见《管子·法法篇》。
② 见《韩非子·有度篇》。

等,即指参与政治之机会须以能力为分配之标准。① 柏氏之《理想国》(The Republic)即此平等观念之表现。依柏氏之意,平等之国家组织非为个人或阶级而谋优越之权利,实为国民全体而谋幸福也。人民得各尽其能,而各取其需。但能者不可要求过分之幸福,因各人之所为在为国家,而非在求个人之利达也。

亚里士多德(Aristotle)因袭柏那图之说,亦认平等有绝对比例之分。民众所追求者为绝对平等,而少数人所追求者为比例平等。如政体不合于双方之主张,则革命随之而爆发。亚氏又以不平等为动乱之源。数国政治之稳定,必须实行比例平等,使人人各得其所,各安其分,而为充分之发展。

柏那图、亚里士多德二氏之论平等,虽甚精辟,但其所指之享受者为自由民,而非奴隶。故其所倡导者为片面之平等。此种片面之平等观,至希腊末年因斯多亚派(stoic school)之兴起,而发生反响。斯多亚派认人类为理性之动物,主仆同有一理性,不受外界环境所影响而能认识宇宙之根本精神。奥利留(Marcus Aurelius)常云:"人皆有理性,待人须如同一社会之分子!"②又云:"吾人血肉虽非相同,而精神则有密切之关系,因同出

---

① 见 W. A. Dunning, *A History of Political*, Chap. II。
② 见所著 *Meditations*, Book IV。

诸上帝也。"① 此种"万人同一理性"之平等观,不仅对于罗马法有巨大之影响,且为后来基督教所扩充,□演成近代之天赋平等学说。

近代天赋平等之说倡自英之浩布斯(Hobbes)、洛克(Locke)而大成于法子卢梭(Rousseau)。卢氏认为人类之智力体力生而无所等差,即有等差,亦至微弱,如云:"各人虽有多少强弱之别,灵钝之殊,然自人类全体观之,亦莫办其差异之所在,各有生存能力,而求永读其千年。"② 又云:"……人类天赋之平等,亦未常不可以事实证明之也:吾未闻人急欲夺其邻之货物,而侵其邻之权利,不过见其邻之声誉,而欲学其为人而已。"③ 浩氏之绝对主权论,即以此天赋平等观为基础。④

洛克主张天赋平等之说亦如浩布斯,但其解释则异。洛氏以为平等乃人类对于自然之自由,均有平等享受之权利,而不服从他人之意志与权威。在其所描写之理想国中,一切权力均由公民流轮执掌,各人咸居于平等之地位,同尽其能,同享自然之利益,无下属,亦无所谓服从,人各有其独立自由也。⑤

---

① 见所著 *Meditations*, Book IV。
② 见所著 *Leviathan*。
③ 见所著 *Leviathan*。
④ 见 Gettell, R. G, *History of Political Thought*, Chap, XII。
⑤ 见所著 *Civil Government*, Chap, II。

卢梭谓人类在自然界中,各有天赋平等之权利,而一切不平等之发生,则均由于文化经济之进步。卢氏为恢复人类原始之平等计,乃有民约说(social contract)之主张。依卢氏之意,民约之缔结实足以促成人民之平等;因为国家之成立,乃根据人民之契约,人民之服从国家,即服从其公意,而此公意乃各人意志之总集。故人民虽然服从国家,仍不失其固有平等之权利。

自浩布斯、洛克、卢梭三氏之平等论问世,欧洲阶级性之政治组织始失其理论上之根据。美法二国亦因其影响而发生革命,此后全民平等之说,乃奔腾澎湃而不可阻遏。

三、平等之真谛

天赋平等之学说,对于西洋十八世纪前后之革命,固有巨大之影响,但从实际上观察,此种学说乃属虚妄谬误之理论,非民权主义者所能赞同。总理有云:"……自人类初生几百万年以前,推到近代民萌芽时代,从没有看过天赋有平等的道理。鉴于用人生万物来讲,除了水面以外,没有一物是平的。就是拿平地来比较,也没有一处是真平的。……再就眼前而论，拿桌上这一瓶花来看，……没有那两片叶子完全是相同的，也没有那两朵花是相同的。……由此可见天地间所生的东西总没有相同的，既然都不相同，自然不能够说是平等。自然界既没有平等，人类那怎么有平等呢？天生人类，本来也是不平等的。"①总理以为天生万物，除水面外，无一平等。故人类亦无天赋之平等。依总理之观察，人类之聪明才智各有天赋之不同。于是乃有圣贤才智平庸愚劣之等差。所谓天赋平等之说，不过空想之论耳。

民权主义者观察历史事实，认为人类之聪明才智既系天赋之不平等，而社会制度不仅不谋补救之方，以弥其缺陷，反变本加厉，利用人类天赋之不平等，造成人为之平等。此种人为不平等之现象，在古代政治制度上尤为显著。至专制发达以后，封建制度盛行，阶级壁垒森严，诸侯贵族气焰万丈，贫民大众深受压迫。"因此，赞成革命的学者，便不得不创天赋人权的平等自由这一说，以打破君主的专制。……不过专制帝王推倒以后，民众又深信人人是天生平等的这一说，便日日去做工夫，想达到的平等，殊不知这种事情是不可能的。到了近来，科学昌明，人类大觉悟了，才知道没有天赋平等的道理。假若照民众相信那一说去做，纵使不顾真

---

① 见《民权主义》第三讲。

理,勉强做成功,也是一种假平等,像第二图(即左列第一图)一样,必定要把位置高的压下去,成了平头的平等,至于立脚点还是弯曲线,还是不能平等;这种平等,不是真平等,是假平等。"[1]而此种假平等,势将骗人类于退化。

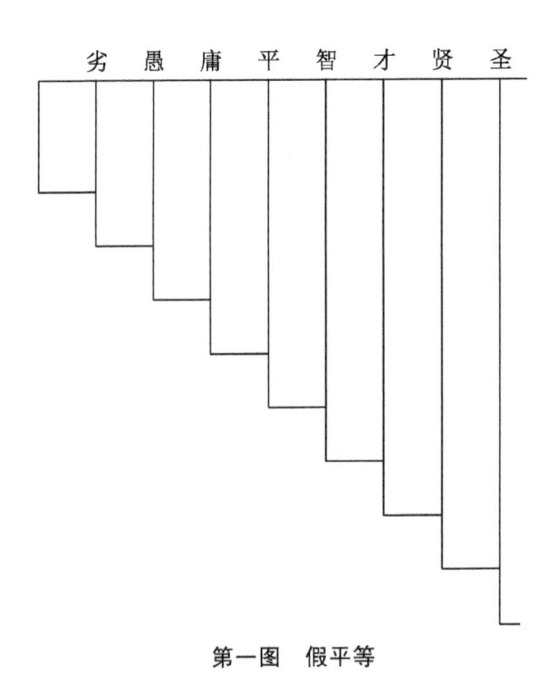

第一图 假平等

假平等已如上述,而真平等又如何？总理云:"说到社会上的地位平等,是始初起点的地位平等,后来各人根据天赋的聪明才力,自己去造就;因为各人的聪明才力有天赋的不同,所以造

---

[1] 见《民权主义》第三讲。

就的结果,当然不同。造就既是不同,当然不能有平等。像这样讲来,才是真正平等的道理。如果不管各人天赋的聪明才力,就是以后有造就高的地位,也要把他们压下去,一律要平等,世界便没有进步,人类便要退化。所以我们讲民权平等,又要世界有进步,是要人民在政治上的地位平等。因为平等是人为的,不是天生的,人造的平等,只有做到政治上的地位平等。故革命以后,必要各人在政治上的立足点都是平等。好像第三图(即左列第二图)的底线,一律是平的,那才是真平等,那才是自然之真理。"[①]由此可知,民权主义所主张之真平等,系给予一切个人以平等发展其聪明才智之机会,而非抹杀原来之天赋不平等,而强使其为平头之平等。

民权主义所倡之真平等,其目的不在使人独善其身,而在使其为大众服务。兹引总理之言以申其说。总理云:"人人当以服务为目的,而不以夺取为目的。聪明才力愈大者,当尽其能力,而服千万人之务,造千万人之福;聪明才力略小者,当尽其能力,以服千百人之务,造千百人之福。所谓巧者拙之奴,即是这个道理。至于全无聪明才力者,亦当尽一己之能力,以服一人之务,造一人之福,照这样做去,虽天生之人之聪明才力有不平等,而人之服务道德心

---

① 见《民权主义》第三讲。

发达,必可使之成为平等了。这就是平等之精义。"①又云:"天之生人,虽有聪明才力之不平等,但人心则必欲使之平等,斯为道德上之最高目的。"②

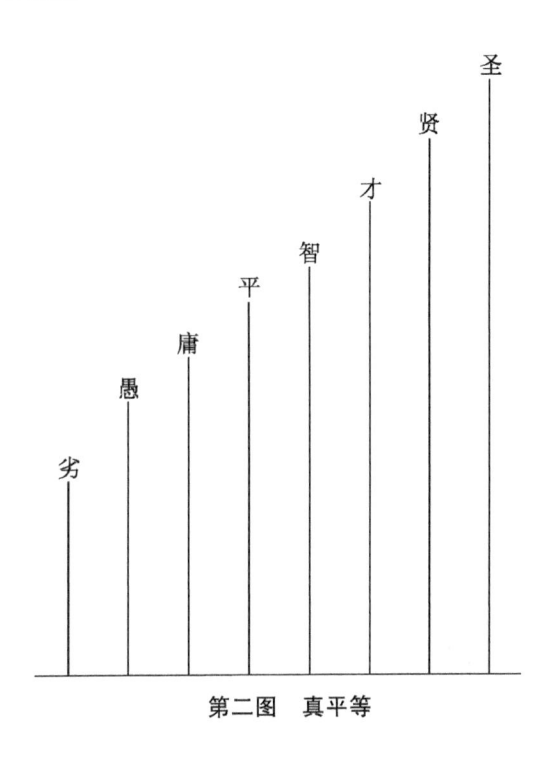

第二图　真平等

---

① 见《民权主义》第三讲。
② 见《民权主义》第三讲。

四、平等之范围

　　观上所述，想读者当已理解平等之真谛矣。兹进而叙述平等之范围。近代民主主义所要求之平等，仅为法律上与政治上之平等。所谓法律平等，即凡属公民，在法律前，皆为平等。换言之，即法律赋予所有公民之权利义务，皆为平等。古代西欧各国，因有贵族、平民、地主、农奴、与主人奴隶等阶级差别之故，其法律适用范围亦随之而异，至法国大革命后，始认一切公民在法律前，皆为平等。如一七八九年，法国《人权宣言》中有云："法律为公意之表示。凡属公民均有自由或派代表参与制定法律之权利。法律之保护与惩罚，对于所有公民皆为平等。在法律上所有公民皆为平等。……"[①]一九一九年《德国宪法》亦云："德国人民在法律前，一律平等。"[②]故法律平等，乃近世民主主义普遍主张之原则。

　　何谓政治平等？据蒲徕士之见解，系指国内全体公民或全体

[①] 见该宣言第六条。
[②] 见《德国宪法》一九条。

成年公民男子，皆有平等参与政治之权利，而在年龄教育与其他合理限制之下，皆有平等充任公职之权利。① 卢梭时代为政治平等运动最烈之时期，此后欧美各国多有实行之者，然对于女子参政问题，现今除英、美、苏、德及欧洲数小国外，其余诸国，则均未实行。故居人口半数之女界，未全获得参政权时，政治平等问题，犹未解决也。

民主主义所主张之平等，对封建社会而言，固不失为一种进步，但较之民权主义所提倡者，则瞠乎后矣；盖后者所提出之平等范围，不仅为法律上政治上之平等，而且为民族上及经济上之平等。所谓民族平等，即在使各民族同立于一水平线上，而且自由发展其特质也。近代欧美各国之民主制度，在形式上，虽承认一切人类自由平等之原则，但实际上，此种原则仅适用于一民族内部之人民，而不适用于一民族与他民族之间，以及异民族之个人与个人之间。以故在欧美民主制度之下，自由平等之权利，每为一国之内强大民族所私有，而用以压迫国内其他民族之人民，此所以近百余年来民族革命之风靡于世也。总理认为民族平等不能实现，则世界和平无由确保，故其所倡导之民权主义，即以主张一切民族平等之民族主义为其特点之一也。

---

① Lord Bryce, *Modern Democracies*, chap. VI.

至于经济平等所要求者,乃经济生活之平等或机会之均等也。历来倡平等说者多忽视之,是为平等论上最大之缺点。殊不知经济平等,其实际性,较法律政治平等,尤为重要而根本。经济如不平等,而欲造成法律政治之平等,则不啻空中楼阁,画饼充饥而已。蒲徕士云:"前人以为政治平等足以保障社会上一般之满足与和平,现在政治平等或已实现,不仅不能保证社会上一般之满足与和平,反而酿成有产无产二阶级之日益悬殊。二阶级除投票权平等之外,再无其他之平等。如国家仍不能改良人民之生活状况,则前人辛苦争得之参政权究有何益。"由此可知经济平等之重要。总理之民权主义,系以民生主义为基础;而民生主义则主张一切人民在经济上应立于平等之地位,既不许社会上发生有产阶级与无产阶级之区别,尤不许社会上有掠夺阶级与被掠夺阶级之存在。故以民生主义为民权主义之基础,乃总理在民权主义上之重大贡献。

原载于《青年杂志》第 1—2 期(1944 年)

译

作

现代经济学[1]

　　今日大学生仍受熏陶之古典经济政治学说,原为风靡一时之个人主义所创立。其成长之基础,乃在于战胜自然而莫可遏制之人力迅速膨胀中;此人力之膨胀,为现代资本主义发生之原因,其最要之形态即吾人所称之"工业革命"。在此生产力猛进之前,人类于往昔为经济生活之集体控制(Collective Control)而设立之制度,不但一无所用,而且有碍其发展;以故改良家之急务,似在扫除有碍于经济政治进展途径之一切废物。提倡功利主义之边沁(Bentham)乃此破坏之先觉。"最大幸福"原则,成为旧制度之有力溶解剂;边沁及其信徒,又将人类所有遗传惯例之生灭,与以辨证,而为经济政治思想开一至十九世纪世界之新途径。十九世纪之经济政治学说,始于边沁;虽其著述重在政治,但其理想上之胜利,则全在经济范围之内;因新势力之基础,建立于此,边沁即此新

---

[1] 柯尔著,原载于伦敦经济学院《政治季刊》第四卷第二号。

势力之解释者。

在功利主义之学理中，实质上虽未带有个人主义色彩，但以时势而论，功利主义实不能不采纳个人主义之形态。新经济势力既适为个人所操纵，而原有之集体控制，又大都与其生长不相容洽，故进步竞争（the struggle for progress），乃一变而为解除旧式集体控制之竞争；此种竞争，不但有助于个人获得生产力之充分使用权，且可改造政治制度，而使其与新经济个人主义（new economic individualism）相协调。在经济学中，所想象之人类，无非为生产之主动者，其于"自由市场"上所留之印象，适与其生产力之性质相符。各人皆有为企业家（entrepreneur）之奢望，苟其具有必需之条件，则法律风俗均不应与以阻挠。地主乃时代之落伍者，因其势力基于独占，而非恃乎个人之创制才（intiative），工资赚得者（wageearner）乃无权索取独占贡物（monopolistic tribute）之人，或无有为企业家之资格。唯企业家乃自我实现之个人（self-realizing individual）——凭己力而致身显要之人（self-made Man）——在其事业上，人类之进步系焉。

此种经济界之理论，须有一种政治理论以为之补充。凡贵族政治之理论，皆受排斥，因其含有独占利益之基础：以故所存者唯民主政治而已。功利主义者，由其理论上观之，均为民主义主派。"一人一票权"（one Man, one vote），乃唯一完善之政治原则，纵使其有如自然权利幻想之受人唾弃;因在政治中,"一人一票权",与各尽所能以利用生产力之平等权相适应。唯此原则,足以获得富有势力之伟大政治家,以定国家之大计。

如此,在经济范围之中,议会民主制,似为资本主义之理论补充品(legical complement),而且,此制乃使适者之经济生存适合于政治上之最大多数之最大幸福原则所必需。亚当·斯密(Adam Smith)修平经济协调之路,使各谋一己之利者,得保证社会全体之和谐。以一方面言之,事业贸易之自由,乃视为足使财富之总生产达到最高之限度,而较高度之生产,又足以扩充劳力报酬之基金——古典经济学派之著名工资基金说;以另一方面言之,当工资基金说消沉之时,劳动之生产力愈高,则工资亦愈高之观念,又代之而兴。但吉逢斯(Jevons)及其他诸作者更创立价值起于效用,而计以消费者之需要之说,如是,经济协调之观念乃为之一变。普通言之,消费者各当为其所需之最善评判(the best judge);在所售之货物与劳务中,倘任其自由选择,则市场之自由,当可使其获得最大之满足;因消费者将购其所必需之物,而货物缺乏,则只限于不急需者。

此种见解,当然出之臆断。代表此见解之奥地利学派,乐于指出:凡有固定收入之个别消费者,皆能善用其财,且因是而获得最大之满足。于是,彼等以为任何个别消费者既如是,则消费者之全体,乃至整个之市场,亦莫不皆然。但此乃不顾事实之论,盖消费者之收入,各有不同,断难使其各种需要有同一之效力。在市场中,凡属品质相等之二种同类产物,其价格有趋于一致之势;而贫者手中一先令之购买力,仅与富者手中一先令之购买力相若。当世人满足其最迫切之需要时,贫者由其收入之每先令中,所得之满足,较之富者为高,此固无可疑者。但若其所费之先令甚少,则其所得之总满足,当亦甚微。虽其需要或满足量(capacity for satisfaction)之是否减少,无从得而证明。因此,常有一种臆断:社会收入之分配,愈趋平均,则由其所购买之财货而得之总满足,亦愈高。故在功利主义上,分配不均之可得而辨获者,无非以其能使总财富达至最高之限度。然此亦不过必要之罪恶耳;且分配不均之最高生产,较之公平分配之小额生产,有减少全体幸福之可能。

不宁唯是。尚有多数经济学者,明知购买者之界限效用,各不相同,然仍坚持"自由市场"足为最大幸福之保证。但若将此种见解,加以推究,即知其所依据者,乃系一种欲望与需要不分之错误观念。因此,欲望苟非出于有效需要(effective demand)之形态,则经济制度不得纳其于观察范围之内。吉逢斯与奥地利学派及放任主义之复兴派(Revivalist),所赞成之学说,如价格之决于与效用相等之需要状况,实不免陷于双重之错误:一则,因效用与需要二者之无须相等;二则,因假定收入得离开生产历程而独立。

经济学者，苟一度准许其假定收入之独立存在，则其不难于此假定之上，创立一种完善之论据，以维持价格决于需要之说，即令其不能证明由最高出价而得之满足，是否足为全体人类最高幸福或满足之保证。但此假定之承认，乃与事实相违，盖收入确由生产历程中得来。欲望之先于供给，乃极易证明之事，因货物倘非需要，则其生产，乃显然之矛盾。但此处并非指明需要居供给之先，或对后者有何控制之力；因欲望与需要非同一之物。欲望乃具有购买力之供给（with a supply of purchasing power），而需要则为有附收入之欲望（want armed with an income）。

因此，需要发生之状况，若非同经假定，则需要之存在，当不能视为经济分析之起点。苟吾人研究需要以明收入之来源，则不可不切合题旨。但吾人从事此种研究，而奥地利派之学说精华，即将毁灭；因为需要曾视为生产历程中之产物，而绝非生产之唯一原因，其大小与方向，无论何时，皆与所进行之生产同一比度，且与生产制度中所分配之收入，或再分配之收入相称。

此乃中肯之论，固不待言。但既中肯，则"需要"派之信徒，即不能不退至其第二道防线。生产制度中之各生产因素，皆按其"界限生产力"而受报偿，换言之，其报偿之价格，乃与其最后利用之单位所生之价值相符。据云：各因素之界限点，系决于消费者需要之状况；因所有生产因素之间接需要，皆由消费者之货物及其劳务之需要而起。消费者依市场中之供给量,与对其变化不一之商品界限效用,而定出价之多寡。无论所付之数几何,凡属生产因素,皆得分配;而分配之决定,乃根据于生产因素间之互相竞争以求利用,并使各因素之报偿与其界限生产力一致。

此俨似事物发生之真相。因无论何时,苟吾人一注意经济界之情形,收入确系存在,并依购买者之选择,而组成混合需要(composite demand)之全体;而且最后消费者之需要,反应于生产制度上,使生产各要素,如劳力、原料、机器、保险以及所投借之资本之需要与价格,皆随之而变迁。倘吾人一度握有收入,或于某一特定时间得之于市场,则其他一切之存在,似无不合理。

但吾人不能如此推论,盖需要之源于生产,亦系真实。收入不能先生产而存在,犹生产之进行,不能无收入购其产物。从经济制度之一方面以推其余之抽象法,实计不及此。制度之连结,有如一体,其各种形态,皆一同存在,且有互相决定之关系。

抽象法之应用,有人视其与个人主义无涉。但依作者之见,二者之间,实有莫大之关系存焉。抽象法本质上原极精密,其将经济界之各部分,加以分析,俾吾人得以了解,且以一种假定之特殊标准,为其分析之基础,吾人须从一标准商人之行为,以研究其对于标准消费者之需要所生之反应为起点。所不幸者,此二人之行为,即令有正确之说明,亦不能谓吾人对此二人所存在之制度,已有更经济学者,苟一度准许其假定收入之独立存在,则其不难于此假定之上,创立一种完善之论据,以维持价格决于需要之说,即令其不能证明由最高出价而得之满足,是否足为全体人类最高幸福或满足之保证。但此假定之承认,乃与事实相违,盖收入确由生产历程中得来。欲望之先于供给,乃极易证明之事,因货物倘非需要,则其生产,乃显然之矛盾。但此处并非指明需要居供给之先,或对后者有何控制之力;因欲望与需要非同一之物。欲望乃具有购买力之供给(with a supply of purchasing power),而需要则为有附收入之欲望(want armed with an income)。

因此,需要发生之状况,若非同经假定,则需要之存在,当不能视为经济分析之起点。苟吾人研究需要以明收入之来源,则不可不切合题旨。但吾人从事此种研究,而奥地利派之学说精华,即将毁灭;因为需要曾视为生产历程中之产物,而绝非生产之唯一原因,其大小与方向,无论何时,皆与所进行之生产同一比度,且与生产制度中所分配之收入,或再分配之收入相称。

此乃中肯之论,固不待言。但既中肯,则"需要"派之信徒,即不能不退至其第二道防线。生产制度中之各生产因素,皆按其"界限生产力"而受报偿,换言之,其报偿之价格,乃与其最后利用之单位所生之价值相符。据云:各因素之界限点,系决于消费者需要之状况;因所有生产因素之间接需要,皆由消费者之货物及其劳务之需要而起。消费者依市场中之供给量,与对其变化不一之商品界限效用,而定出价之多寡。无论所付之数几何,凡属生产因素,皆得分配;而分配之决定,乃根据于生产因素间之互相竞争以求利用,并使各因素之报偿与其界限生产力一致。

此俨似事物发生之真相。因无论何时,苟吾人一注意经济界之情形,收入确系存在,并依购买者之选择,而组成混合需要(composite demand)之全体;而且最后消费者之需要,反应于生产制度上,使生产各要素,如劳力、原料、机器、保险以及所投借之资本之需要与价格,皆随之而变迁。倘吾人一度握有收入,或于某一特定时间得之于市场,则其他一切之存在,似无不合理。

但吾人不能如此推论,盖需要之源于生产,亦系真实。收入不能先生产而存在,犹生产之进行,不能无收入购其产物。从经济制度之一方面以推其余之抽象法,实计不及此。制度之连结,有如一体,其各种形态,皆一同存在,且有互相决定之关系。

抽象法之应用,有人视其与个人主义无涉。但依作者之见,二者之间,实有莫大之关系存焉。抽象法本质上原极精密,其将经济界之各部分,加以分析,俾吾人得以了解,且以一种假定之特殊标准,为其分析之基础,吾人须从一标准商人之行为,以研究其对于标准消费者之需要所生之反应为起点。所不幸者,此二人之行为,即令有正确之说明,亦不能谓吾人对此二人所存在之制度,已有更亲切之了解；因其行为乃制度之反应，制度一变，其行为亦自必表现多方面之差异。

拥护放任主义者之目的，在指明任何经济社会中，均衡可能性之存在。苟经济势力得听其自然，则均衡之趋向，必确能实现无疑。因此，彼等以为：苟消费者有一定之收入，并依效用原则而分配，则必有一类之价格随之而生，在此类价格之下，所有之生产因素，皆得利用无遗，倘其时，有某一未用之因素存在，此乃不均衡之象征，且必为阻碍力之结果。此阻碍力，无论如何，终图保持某物价之过度高涨。高价格之产生，乃由于企业家之独占，职工会之压迫，社会之立法，以及其他种种有碍于自由市场法则之干涉；但是各物皆有一均衡价格之假定，在此价格之下，一切可用之货品，咸得有尽量之吸收。

苟收入及其分配，均不受生产因素变动之影响，则此说诚确无疑。但事实上，此等价格皆为收入，或收入之成分，其中无一变迁，不影响于需要之性质。在所有之生产因素中，或有一平衡之价格存在，俾各因素得尽其利用。但是在现存工业制度之下，实难有此均衡之价格；因高价格或高利率倘使企业家陷于生产上之不利，而引起失业，则低利率对于资本积聚之阻止，低工资对于消费者通用品之需要平面(level)之抑制，亦可发生同一之因果。而且在此二者之间，亦未必有一种合理之工资或利率，俾富源得获充分之利用。盖使企业家根据于收入之现存分配以利用所有资源之价格制度,可引起收入之平面及其分配之变迁,因以重复其平衡。

如此,有利于放任主义之上种假定,不可再加支持。苟吾人欲建立一充分利用生产资源之均衡,吾人对于有关系之因素,须用同等之控制力以促其成,不应使价格自寻其均衡。此非如一部分人之所想象,由于现代制度中关于生产之实际容量,有何缺乏购买力之内在趋向(inherent tendency),盖除为银行紧缩之偶然附属物外,无此趋向之存在。基本因素之构成,与谓由于收入之总量(aggregate amount),毋宁谓由于其分配。欲得充分之利用,收入须如此分配,俾由其发生之需要,得与供给各种货物及劳务之生产制度之能力相符合,而且生产制度亦须与由收入之实际分配而生之需要相适应。倘双重适应得以完成,则失业即可消灭。但各因素未受控制之时,吾人不可恃自动完成之适应;盖欲得一方面之均衡,当不免于丧失另一方面之均衡。

直言之,现代资本主义社会之机械,并非自行适应。但真理较此尤为深奥;盖经济情形与政治情形相若,有势力者非交换货物于市场中之孤立个人(isolated individual),而是结合程度不等之团体,社会与阶级,由其结合,交换之状态,乃得形成。所谓独占,非一种有碍于自由市场活动之偶然或特殊干涉,而是一种因情形而异其势力与程度之普遍状态。在此统系之下,生产非需要之唯一反应,即令其有限于消费者之受劝诱以采购;因消费者所受暗示及广告之劝诱,形成生产制度之主要部分,而企业家当恃其控制价格之力,以定需要之范围。且消费者之需要,亦非绝对存在之物,实系价格现存结构之反,应此种价格结构,因收入分配之变迁,与计划新货物、新生产方法以及采用各种宣传方式以影响需要方向之生产者行为而改变。商人受供给条件变迁之影响,与受消费者嗜好变迁之影相若。至终,消费者之购买,通常虽系个人或家内之事,而需要则依社会时就与生活惯例,而趋于团体化及阶级化。生产者划一供给之用意,在借大量生产以减低费用;至消费者之划一需要,则非只图价廉且为生产者之暗示及商人之划一商品之反应。

有利于生产消费二者之市场集体化(collectivisation of the market),逐渐限制个人活动之范围,且使含有放任性之一切经济分析,出于无用。在此状态之下,放任主义之渴望,不过空想而已。因放任主义并不受多数局部独占(sectional monopolies)竞争之支配;而实为现代拒绝以国家为经济调整工具之唯一结果。目前吾人困难之源,不在国家干涉之太过,而在于其干涉之肤浅与消极。此种干涉,有似其他局部控制之易于引起失调,因其无力足以平衡各种互相牵制之行为。近年来,国家之干涉,常使诸事杂乱无章,致有人反对其干涉。但国家之干涉多非其政府之所愿,至其所以出此者,乃在纠正由制度运用而起之失调。

最严重之失调,起于生产历程中之现代过渡组织。在独立生产者之简单社会中,货物之运入市场,系以交换他种货物为目的,其价格之以他种货物表现者,即可决定各生产者之生活程度。所有之收入,皆为货物销售之直接结果,收入获得之希望,亦即生产之直接动机。但在现代制度中,则不然。唯企业家及股东之收入希望,可为生产之动机;至于债主与工资及俸给赚得者(wage- and salary-earners)之收入,则皆成阻止物(deterrent),因其属于生产费,足以减少企业家及股东之纯利得。后种收入对于产物之购买,甚为重要,且实为其动机。但所付之工资与俸给,仅能取偿于产物之销售,所付之利润,则代表未为支出所平衡之需要。因此,利润之极度增加,乃成为企业家之目的。工资利息及利润皆为收入,亦即购买力之各种形态,由工业产物之销售,而得收受。但工资与利息均为支出所平衡,且为生产阻止物(deterrent to production);因其中任何增涨,皆足以缩减生产费与售价间之差度。

因此,独立生产者之社会,断不致因价格之下落而减少生产,唯资本主义社会,欲避免工资利息之负担,乃有此反应。苟生产如此一度减少,其结果必为收入与产物之取消,以及使供给之平衡更陷于低落。以故一度未用之生产要素,并无所以应加复用之理由,或衰落(depresstion)亦无所以不应自行继续之推论。其实,苟单恃经济制度之内部调和,而不顾及衰落范围外之势力,则任何滞销(slump)均无所以应归终结之理由。生产与消费,在活动之任何平面上(at any level of activity),可依次级之冲突(secondary friction)而平衡,苟生产完全停顿,消费者概行死亡,则最完善之平衡,当可达到。

如此,吾人对于现代经济制度之分析,非但须考虑全部收入与生产消费之关系,或收入之分配对于消费者需要之影响,而且须辨别构成生产费与构成生产动机之二种收入之差异。此种分析,对于生产活动平面之决定,不但有关于收入分配之大小,而且有关于其形态。任何社会,其收入既有生产费与非生产费之分,即不免于生产资源未用之失调。

补救之方,则在恢复一切收入于独立生产者所施行之经济制度时之原有形态;而达此目的之新途径,系根据现代生产历程之集体性,使国民收入成为一种国民红利(national dividend),换言之,即每一公民,对于可充消费之货物与劳务之总供给,皆有取得一分之权,苟社会利用其控制价格之集体力量以调整固定金钱权利(fixed money claim)——工资、俸给、利息、租金等——之购买值(purchasing value),俾与货物及劳务之供给相等,则此与固定金钱权利之存在,殆相符合。在交替中,苟价格全无控制,则收入之所有形态,亦必不定,否则生产与消费势将失其平衡。但各种价格与收入皆与利用生产资源之任何有效计划不一致,以故,吾人不得不有赖于收入与售价之慎重调和,以为利用资源至最高限度之方法。

因此,在经济范围之中,为现代生产特性之局部独占,有趋于社会化之势;其由团体与阶级之利害冲突而起之均衡趋向,仅可以广大之公共独占易此局部势力以制之。在政治范围之中,根据个别之公民、选民或候选人之立场,以分析现代之种种势力,同一无效。因选民等系按团体、阶级及利害而分类,并依集体之动机与愿望而合作;候选人乃政党之代表,根据人类同一分划之政策,即政党之具体表现。凡不顾此种集体事实之政治学说,则鲜有意义与真实之可言。消灭局部利害冲突之唯一方法,则在合并竞争团体于扩大之集体单位中。政治之需要社会化,实不亚于经济;但政治团体大都为经济阶级与利害之反应,故政治变化仅能随经济生活之社会化而起。

研究现代事实及趋向之时,吾人须以竞争之集体势力之强弱及影响为根据,不当以个人为基础。苟经济政治之分析纯为时事之正确叙述,与社会发展趋向之显示,则此二者皆有同一之价值。趋向亦系事实,较之静态之抽象概念,尤为真实与重要。在政治或经济中,苟有均衡之存在,则其必为动而非静之均衡。最后,吾人尤果避免以个别公民,消费者或生产者之概念,为政治经济之决定势力之抽象推论,并须牢忆继续发展与互相关系之团体对于个人活动所赋予之形态及实质。在此动态之中,经济政治之教与学,较之个人主义派之神圣公式(hallowed formulae)或尤为困难。但科学非以易见长,苟只图简化其问题(to simplity its problem),则曲解事实,当所不免。

原载于《复中半年刊》第 1 期(1937 年)

编后记

此次"同济法学先哲文存"特别收录了胡继纯先生的几部重要作品,一方面是感念胡继纯先生对同济法学教育的卓越贡献,传承先生学术文脉并发扬光大是吾辈当仁不让的义务与责任;另一方面也是旨在树立学术楷模,激励同济法学后辈年轻学者立足中国实际,深耕学理研究,力争为同济法学再添光彩。

同济大学法学院是一所既年轻朝气又有着深厚历史底蕴的学院,其历史可追溯至大半个世纪前。1945年,因抗战内迁的同济大学在四川宜宾李庄镇的东岳庙筹办并正式成立法学院。法学院甫一成立便延请了大批兼具中外法律文化底蕴的知名法学专家,在短短几年内迅速崭露头角。由于同济大学与德国教育体系的深厚渊源,创办之初的同济大学法学教育具有鲜明的大陆法系教学特色,但同时也并不排斥英美法系知识的教授和传播。本书的作者胡继纯先生早年留学美国,在英美多所著名院校深造,对西方政治学、法学等有着较为深厚的理解与研究。

胡继纯先生，字东林，1904年生，湖北鄂城人。1923年夏，于武昌圣约瑟中学毕业，考入上海复旦中学高中部。1925年8月，升入复旦大学。1928年7月毕业后，前往河南开封财政军需学校任政治经济教官。1929年2月，回武昌，在湖北省立高级师范任教，后任中华大学政治经济系教授。1932年7月，自费赴美留学，次年7月，获密歇根大学硕士；8月前往英国，于伦敦经济学院从事研究工作。① 1934年2月，回国任复旦大学教授兼政治系主任，同时在中国公学、光华大学、大夏大学、上海政法学院等院校兼课。1937年后，随复旦大学迁往庐山、重庆等地。1947年后，任教于同济大学法学院。1949年5月，上海解放后，继续在复旦大学任教。1952年支援山东，调齐鲁大学、山东财经学院任教授。1953年8月，任上海财经学院教授。1958年10月，支边到长春市，任吉林财贸学院教授，兼财政教研室副主任、院务委员会委员。胡先生研究范围广泛，在政治学、法学、经济学等领域建树颇丰，曾任吉林省经济学会会员、吉林省哲学社会科学会会员，并兼任理事。

本书除了收录了胡先生的代表作《民族自决问题》，以及另外四篇重要研究论文《地方行政中的国家权力范围》《印度民族运动

---

① 据同济大学档案馆藏《国立同济大学法学院历届教员调查名册》（档案号：1-LS-1147.0001）。

之回顾与前瞻》《英国宪法之特质》《民权主义之平等观》外,还收录了其译自伦敦经济学院《政治季刊》第四卷第二号的《现代经济学》一文。胡先生的重要著作多集中于政治、法律等人文社会科学领域,其研究观点亦受到所处时代背景的影响。若读者站在波澜壮阔的中国近代史视角,并结合上世纪动荡不安的国际社会背景,毫无疑问会被胡先生把握社会问题的敏锐度及其思考问题的深度与广度所折服,也能够体会到其特定的时代性。本书收录的所有这些成果均与其核心研究领域紧密相关,归根结底都是对于中华民族将往何处去的深入思考,体现了其拳拳爱国之心。

当然,由于编者水平所限,文集尚有许多不足之处,敬希读者见谅,并提出批评改正的意见。

图书在版编目(CIP)数据

胡继纯集/胡继纯著;颜冬铌编.—北京:商务印书馆,2023
(同济法学先哲文存)
ISBN 978-7-100-22419-2

Ⅰ.①胡… Ⅱ.①胡…②颜… Ⅲ.①胡继纯—文集 Ⅳ.①C53

中国国家版本馆CIP数据核字(2023)第075736号

权利保留,侵权必究。

同济法学先哲文存
胡继纯集
胡继纯 著
颜冬铌 编

商 务 印 书 馆 出 版
(北京王府井大街36号 邮政编码100710)
商 务 印 书 馆 发 行
北京虎彩文化传播有限公司印刷
ISBN 978-7-100-22419-2

2023年11月第1版 开本 890×1240 1/32
2023年11月北京第1次印刷 印张 5⅝
定价:38.00元